मन के भँवर

स्वीकृति हेतु पता :
बी-255, सेक्टर-26
नोएडा-201301
ईमेल : dpsinha50@hotmail.com तथा
pkbharti2004@yahoo.com

मन के भँवर

दया प्रकाश सिन्हा

वाणी प्रकाशन

वाणी प्रकाशन

4695, 21-ए, दरियागंज, नयी दिल्ली 110 002

फ़ोन : +91 11 23273167 फ़ैक्स : +91 11 23275710

शाखाएँ

अशोक राजपथ, पटना 800 004, बिहार

कॉफ़ी हाउस कैम्पस, महात्मा गांधी मार्ग, इलाहाबाद 211 001, उत्तर प्रदेश

महात्मा गांधी अन्तरराष्ट्रीय हिन्दी विश्वविद्यालय, वर्धा 442 001, महाराष्ट्र

सुल्तानिया रोड, मोतिया पार्क, भोपाल 462 001, मध्य प्रदेश

www.vaniprakashan.com
marketing@vaniprakashan.in
sales@vaniprakashan.in

MAN KE BHANWAR
by Daya Prakash Sinha

ISBN : 978-93-5072-877-2
Play

प्रथम संस्करण 2015
द्वितीय संस्करण 2020

मूल्य : ₹ 200

सिटी प्रेस, दिल्ली-110 095 में मुद्रित

वाणी प्रकाशन का लोगो मक़बूल फ़िदा हुसेन की कूची से

विरासत में, जिनकी सहज अभिनय
क्षमता मुझे नाट्याभिरुचि
के रूप में प्राप्त हुई,
उन माँ की
स्मृति को।

(प्रथम संस्करण की भूमिका)

सहधर्मियों से

मेरा प्रथम प्रेम रंगमंच है, नाटक लेखन द्वितीय। इसलिए मैं पहले इस नाटक के भावी निर्देशकों से एक सहधर्मी निर्देशक के स्तर पर बात करना चाहूँगा, नाट्य समीक्षकों से बाद में।

इस नाटक के दृश्यबंध और मंच-सज्जा के विषय में मेरा कोई पूर्वाग्रह नहीं है। निर्देशक अपनी सुविधा और साधन की परिधि में नाटक की आत्मा को जीवित करने के लिए, जैसी उपयुक्त समझें, वैसी मंचसज्जा और दृश्यबंध प्रयोग कर सकते हैं, नाटक में उल्लिखित मंच सज्जा निर्देश केवल संकेत मात्र हैं।

मेरे विचार में छाया और देवेन्द्र के चरित्र ऐसे हैं, जिनके निरूपण (इन्टरप्रटेशन) में विशेष सतर्कता की आवश्यकता है। वैसे तो हर निर्देशक अपने विशिष्ट दृष्टिकोण से नाटक के चरित्रों का चित्रण करने के लिए स्वतंत्र है, और एक चरित्र के विभिन्न निर्देशकों द्वारा किये गये विविध चित्रण से नाटक की संभावनाओं का अन्वेषण और विकास ही होता है, जो अन्ततः लाभदायक है, फिर भी मैंने इन चरित्रों के मंच-निरूपण में जो अनुभव प्राप्त किये हैं, वह इस आशा से दे रहा हूँ, कि वे किसी सीमा तक इस नाटक के भावी निर्देशकों के लिए सहायक सिद्ध होंगे।

कोई भी अभिनेत्री, सहज ही, प्रथम अंक के छाया के संवादों से छाया के चरित्र को खलनायिका (वैम्प) के रूप में चित्रित करेगी। किन्तु ऐसा चित्रण दोषपूर्ण होगा। ऐसा चित्रण छाया के तृतीय अंक के संवादों से असंगतिमय होगा। यदि प्रथम अंक में छाया के चरित्र को खलनायिका के रूप में प्रतिष्ठित किया जाता है, तो तृतीय अंक में उसके द्वारा कहे जाने वाले पश्चात्ताप के शब्द, संवेदना और करुणा के स्थान पर, दर्शकों की हँसी और उपहास ही उभारेंगे। अतएव आवश्यक है कि प्रथम अंक में छाया के चित्रण पर विशेष ध्यान दिया जाये।

छाया मूलतः खलनायिका नहीं है। वह एक अत्यन्त भावुक, महत्त्वाकांक्षी और संवेदनशील स्त्री है, किन्तु उसमें परिस्थितियों को पहचान कर उनसे समझौता करने तथा उनके अनुसार अपने को बदलने की क्षमता नहीं है। उसकी यही एक कमी उसके पतन का कारण बनती है। वह देवेन्द्र के साथ इसलिए भाग जाती है, क्योंकि वह उसके उन कमजोर क्षणों में आता है, जब जीवन की बदली हुई परिस्थितियों में उसकी ऊब सबसे गहरी है। यद्यपि वह अपनी सास और पति से प्रथम अंक में कठोर बातें कहती है, तब भी वह रूढ़िगत अर्थ में खलनायिका नहीं है। वह परिस्थितियों से मजबूर ऐसी विवश औरत है, जो कुछ काल के लिए विपथगा हो जाती है। छाया का प्रथम अंक में सहानुभूतिपूर्ण चित्रण ही तृतीय अंक में उसके चरित्र की निरन्तरता अविच्छिन्न रखेगा तथा दर्शकों की सहानुभूति और करुणा प्राप्त कर सकेगा।

देवेन्द्र ऐसा चरित्र है, जो कपड़े करीने से पहनता है, शक्ल-सूरत का अच्छा है, और स्वास्थ्य का भी ख़ासा है। कुल मिलाकर वह देखने में बहुत ही 'स्मार्ट' है। वह अपनी स्पष्टवादिता, बेफ़िक्री और पर्सनालिटी (केवल बाह्य) से दूसरों को अपनी ओर आकर्षित करता है, किन्तु अन्ततः गहराई के अभाव में किसी को ज़्यादा देर अपने से बाँध नहीं सकता है। ऊपरी तड़क-भड़क के बावजूद वह खोखला है। वह फ़िल्मी नायकों से प्रभावित है, इसलिए उसके हावभाव और मुद्राओं में फ़िल्मी छाप है, जो किसी हद तक उसके व्यक्तित्व के स्तर को कम करता है। फिर भी वह महत्त्वाकांक्षी है। दुनिया को जीतने के सपने देखता है, किन्तु साथ ही असफल है। वह बावजूद कोशिश के फिल्मों में केवल 'एक्सट्रा' बन पाया है, इसलिए कुछ 'फ्रस्ट्रेटैड' भी है, जिसे वह अपने 'कॉमिक-युक्त' व्यवहार से छिपाता है। इस प्रकार देवेन्द्र मोहक व्यक्तित्व के बावजूद एक बहुत 'बेचारा' चरित्र है। वह विशुद्ध खलनायक के गुणों से संपन्न नहीं, यद्यपि कथानक में उसका स्थान खलनायक का ही है।

मेरे निकट नाटक का उद्देश्य उस चरमबिन्दु की प्राप्ति है जिस पर अभिनेता और दर्शक रचनात्मक प्रक्रिया में बराबर की साझेदारी अनुभव करते हैं। जिस नाटक में यह बिन्दु प्राप्त हो जाये, वह चाहे सुरचित नाटक हो, अथवा अनाटक, या किसी अन्य 'लेबिल' का नाटक, वह नाटक सफल होगा। यह नाटक का अंतिम मापदंड है। कोई भी 'लेबिल' अपने आप में नाटक को सफल नहीं बना सकता। प्रस्तुत नाटक इस कसौटी पर खरा उतरेगा या नहीं, यह तो तभी बताया जा सकेगा, जब यह नाटक अभिनीत किया जायेगा। वैसे अब तक, प्रकाशन के पूर्व, यह नाटक विभिन्न नाट्य-मंडलियों द्वारा अभिनीत किया जा चुका है, तथा

आकाशवाणी इलाहाबाद और दिल्ली केन्द्रों से भी कई बार प्रसारित हो चुका है, जो इसकी अभिनेयता और लोकप्रियता के प्रमाण हैं।

यहाँ पर मैं इलाहाबाद आर्टिस्ट एसोसिएशन के अध्यक्ष श्री यू.एस. कोचक के प्रति अपनी कृतज्ञता प्रकट करना चाहूँगा, जो मेरे शुभचिन्तक और मार्गदर्शक हैं, और जिनके प्रोत्साहन का ही फल है—यह नाटक। कृतज्ञता प्रकाशक अधूरा ही रहेगा, यदि मैं अपने मित्रगण तथा सहधर्मी रंगकर्मियों डॉ. बालकृष्ण मालवीय, श्री सरन बली, डॉ. सुधीर चन्द्र तथा डॉ. प्रभात मंडल का उल्लेख न करूँ।

दया प्रकाश सिन्हा

इलाहाबाद,
दिसम्बर 1967

यह नाटक सर्वप्रथम 'भँवर' नाम से प्रोफेसर यू.एस. कोचक की अध्यक्षता में, इलाहाबाद आर्टिस्ट्स एसोसिएशन द्वारा ऑफिसर्स ट्रेनिंग स्कूल, हॉल, इलाहाबाद में जनवरी 2, 1961 को निम्नांकित रंगकर्मियों द्वारा मंचित किया गया था--

पूनम	:	यूना पीटर्स
छाया	:	पुष्पा निगम
माँ	:	देशी सेठ
अबला सोंधी	:	सुनीति ओबेराय
डॉ. वशिष्ठ	:	डॉ. बालकृष्ण मालवीय
आदित्य	:	डॉ. सुधीर चन्द्र
देवेन्द्र	:	राजा जुत्शी
डॉ. रवीश	:	जगदीश श्रीवास्तव
मनोहर	:	शिव मंगल
पागल	:	विनय मालवीय
प्रधान	:	प्रकाश श्रीवास्तव
पांडे	:	आर.वी. पंडित
राहगीर	:	विमल बिहारी
		रघुनाथ सिंह
संगीत	:	एस.आर. भट्टाचार्य
कला	:	जगदीश श्रीवास्तव
प्रकाश	:	अशोक शर्मा

निर्देशन दया प्रकाश सिन्हा

पात्र-परिचय

डॉ. वशिष्ठ	:	मनोचिकित्सक
छाया	:	डॉ. वशिष्ठ की पत्नी
माँ	:	डॉ. वशिष्ठ की माँ
डॉ. रवीश	:	डॉ. वशिष्ठ का सहायक
आदित्य	:	डॉ. वशिष्ठ का मित्र
मनोहर	:	डॉ. वशिष्ठ का नौकर
पूनम	:	मनोरोगी
पागल	:	मनोरोगी
अबला सोंधी	:	पत्रकार
प्रधान	:	पत्रकार
वर्मा	:	पत्रकार
पांडे	:	पत्रकार
देवेन्द्र	:	फिल्म एक्टर **(छाया का मित्र)**
आदमी	:	राहगीर

प्रथम अंक

(एक साधारण चौकोर कमरा जिसमें दो दरवाजे, बाईं ओर का दरवाजा मकान के बाहर खुलता है और दाँईं ओर का दरवाजा घर के अन्य कमरों में। यह कमरा ड्राइंग, स्टडी और क्लिनिक, तीनों ही काम आता है। पीछे की दीवार के सहारे अलमारियाँ खड़ी हैं जिनमें मोटी-मोटी किताबें रखी हैं। बीच कमरे में एक मेज़ रखी है और उसके पास ही एक ऑफिस-कुर्सी पड़ी है। कमरे में एक-दो कुर्सियाँ इधर-उधर और पड़ी हैं।

पर्दा खुलने पर डॉक्टर बाहर के दरवाजे की ओर पीठ किये मेज़ पर टिका बैठा किताब पढ़ता दिखाई देता है। तभी बाहर के दरवाजे में पूनम का तेजी से प्रवेश। पूनम सत्तरह-अठारह साल की लड़की है- दुबली और गोरी। चाल में ढीठ बचपन-सा। इस समय वह गुस्से में है, और नाराज़ बच्चों की तरह पैर धरती पर पटकती है।)

पूनम : **(उलाहने से)** डॉक्टर!

डॉक्टर : **(पूनम की ओर घूमकर आश्चर्य से)** पूनम, **(फिर आत्मीयता से)** आओ, आओ!

पूनम : **(द्वार से ही, गर्दन को झटका देते हुए)** नहीं।

डॉक्टर : क्या बात है? बड़ी नाराज़ दिख रही हो **(पूनम चुप रहती है)** बताओ न, क्या बात है?

पूनम : हम नहीं बताते।

डॉक्टर : **(हँसकर)** क्यों, क्या हमसे नाराज़ हो?

पूनम : नहीं।

डॉक्टर : तब हमसे क्यों नहीं बताती? हमसे बताओ। क्या हुआ?

पूनम : हम नहीं बताते।

डॉक्टर : **(हँसकर)** अच्छा न बताओ, तुम्हारी इच्छा। मगर बैठ तो आओ! **(कुर्सी उसकी ओर बढ़ाता है)**

पूनम : हम नहीं बैठते।

डॉक्टर : क्यों, क्या खड़ी ही रहोगी? नहीं, तुमको बैठना पड़ेगा, चलो-चलो बैठो। **(बाँह पकड़कर कुर्सी पर बैठा देता है।)**

पूनम : **(कुर्सी पर बैठकर)** हम नहीं बैठते। **(इस पर डॉक्टर मुस्कराता है।)**

डॉक्टर : हाँ...अब बताओ कि क्या बात है?

पूनम : हम नहीं बताते।

डॉक्टरी : तुम क्या नहीं बतातीं?

पूनम : कुछ नहीं।

डॉक्टर : नहीं, कुछ तो है जो तुम नहीं बताना चाहतीं। अच्छा बताओ तो सही, तुम क्या नहीं बताओगी?

पूनम : यही कि सब हमारे दुश्मन हैं।

डॉक्टर : सब तुम्हारे दुश्मन हैं?

पूनम : हाँ, सब...सब...सब, इसीलिए कल रात भर सोई नहीं।

डॉक्टर : रात भर सोई नहीं! **(मुस्करा कर)** क्या करती रहीं?

पूनम : मरने की तरकीबें सोचती रही।

डॉक्टर : मरने की तरकीबें?

पूनम : हाँ, आत्महत्या करने की सोचती रही। यह देखो...मैंने अपने हाथ की नस काटनी चाही थी...। **(कलाई दिखाती है।)**

डॉक्टर : **(हाथ पकड़कर)** मैंने तुमसे आत्महत्या करने के बारे में सोचने को भी मना किया था। मना किया था न? **(पूनम बच्चों की तरह सिर हिलाकर स्वीकार करती है।)**

: फिर क्यों सोचती रहीं? **(पूनम उत्तर नहीं देती)** बताओ

क्यों सोचती रहीं?

पूनम : मैं क्या करती, दिमाग़ में जो आया उसके लिए मैं क्या करूँ।

डॉक्टर : दिमाग़ में यह आया ही क्यों?

पूनम : क्योंकि सब हमारे दुश्मन हैं। सब चाहते हैं कि मैं मर जाऊँ।

डॉक्टर : कौन चाहता है कि तुम मर जाओ? कोई नहीं चा. हता।

पूनम : सब चाहते हैं। सब, सब...हाँ, सब।

डॉक्टर : नहीं, **(सोचकर)** अच्छा बताओ पूनम, मैं चाहता हूँ कि तुम मर जाओ।

(पूनम उत्तर नहीं देती, सिर झुकाये बैठी रहती है।)

: बोलो, क्या मैं चाहता हूँ कि तुम मर जाओ?

पूनम : **(गर्दन उठाकर डॉक्टर को देखती है, फिर सिर झुकाकर)** नहीं, लेकिन और सब चाहते हैं।

डॉक्टर : **(अपनी सफलता पर मुस्कराकर)** मैं नहीं, और सब। **(एक क्षण सोचकर अलमारी से बड़ा-सा गुड्डा निकालकर)** अच्छा बताओ पूनम, क्या यह गुड्डा चाहता है कि तुम मर जाओ?

पूनम : **(एक दम हाथ बढ़ाकर गुड्डे को ले लेती है, और उसे बच्चे की तरह सीने से लगाकर)** नहीं।

डॉक्टर : **(विजय की मुस्कान से)** मैं नहीं चाहता, यह गुड्डा नहीं चाहता, फिर तुम क्यों कहती हो...सब।

(पूनम उत्तर नहीं देती, वह गुड्डे में व्यस्त है।)

: देखो, यह बात तो ग़लत है न कि सब लोग चाहते हैं। मैं नहीं चाहता, यह गुड्डा नहीं चाहता, तब सबकी बात तो ग़लत हुई। बोलो ग़लत हुई न?

(पूनम उत्तर नहीं देती, लाड़ से गुड्डे को बांहों पर हिलाती है।)

: सब लोग नहीं, कुछ लोग तुम कह सकती हो।

पूनम : कुछ ही लोग सही।

डॉक्टर : हाँ, यह बात ठीक है। सब नहीं कुछ लोग, लेकिन यह

तो सोचो कि कुछ लोगों के कहने पर तुम मर क्यों जाना चाहती हो?

पूनम : वे चाहते हैं...

डॉक्टर : **(बात काटते हुए)** और कुछ लोग नहीं भी तो चाहते? देखो यों समझो, कुछ लोग चाहते हैं कि तुम मर जाओ और कुछ लोग नहीं चाहते कि तुम मरो। तुमने सिर्फ़ एक की ही बात क्यों मानी, दूसरे की बात क्यों नहीं मानी? **(पूनम अनुत्तर बैठी रहती है)** तुम्हें दोनों की बात माननी चाहिए। हम लोग नहीं चाहते, इसलिए तुम्हें इस तरह अपनी नस नहीं काटनी चाहिए।

पूनम : इसीलिए तो नहीं काटी।

डॉक्टर : क्या?

पूनम : डॉक्टर, जब में नस काटने लगी तब तुम्हारा ध्यान आ गया, और तभी मैं रुक गई, फिर बड़े ज़ोर का दर्द होने लगा।

डॉक्टर : **(मुस्कराकर)** अच्छा, यह तो बताओ, क्या बात थी?

पूनम : कल माँ नाराज़ होकर कह रही थीं कि मर भी तो नहीं जाती यह।

डॉक्टर : कहने दो उसे, किसी के कहने से कोई नहीं मर जाता, कोई लाख चाहा करे, बहादुर लोग हमेशा जीते रहते हैं अच्छा हटाओ इसे। **(पूनम का ध्यान बँटाने के लिए)** यह गुड्डा कैसा है? अच्छा है? **(पूनम स्वीकारात्मक सिर हिलाती है) (पुनम से गुड्डा लेकर)** देखो तो पूनम, यह गुड्डा कैसा गोल-मटोल पहलवान-सा है। **(गुड्डे से)** कहिए पहलवान साहब, आइए कुश्ती लड़ियेगा? नहीं यह सिपाही बनेगा... लैफ़्टराइट, लैफ़्टराइट, लैफ़्टराइट...

पूनम : हमारे पास भी ऐसा ही गुड्डा था।

डॉक्टर : ऐसा ही गुड्डा था, कब?

पूनम : जब हम छोटे थे!

डॉक्टर : कितनी छोटी?

पूनम : पांच-छह साल की।

डॉक्टर : **(हँसाने की कोशिश में)** तब तो तुम ज़रा-सी रही होगी, छोटी-सी फ्रॉक पहनती होगी...लाल, लाल, फूलों वाली, छोटी-सी, छोटे छोटे-हाथ-पैर रहे होंगे तुम्हारे...और खुटुर-खुटुर चलती होगी...

(पूनम कुछ नहीं बोलती, वह हँसती भी नहीं। डॉक्टर अपनी असफलता देखकर कुछ क्षण सोचता है, तभी अचानक उसे डोर याद आती है।)

: पूनम, जब तुम छोटी रही होगी, बोलो डोर कूदती थीं...? **(पूनम उत्तर नहीं देती)** भाई मैं तो डोर कूद नहीं सकता, लेकिन देखा तो जाये। **(पूनम निर्विकार-सी डॉक्टर की ओर देखती है। डॉक्टर अलमारी से डोर निकालकर कूदने का प्रयत्न करता है। दो-चार बार प्रयत्न से कूद भी लेता है, किन्तु अन्त में फँसकर गिरता है।)** अरे बाप रे बाप...

पूनम : **(खिलखिला कर हँस पड़ती है)** नहीं कूद पाये!

डॉक्टर : तुम कूद सकती हो?

पूनम : हाँ।

डॉक्टर : अच्छा कूदो। **(पूनम डोर कूदती है।)**

डॉक्टर : शाबाश! तुम तो एकदम एक्सपर्ट हो!

(पूनम प्रसन्नता से खिल उठती हैं उसकी उदासी एकदम विलीन हो जाती है। वह डोर एक ओर फेंककर मेज़ पर बैठ जाती है।)

पूनम : जब मैं छोटी थी, तब और अच्छी तरह कूद लेती थी। अब तो आदत छूट गई।

डॉक्टर : तुम 'डान्स' क्यों नहीं सीखतीं?

पूनम : पहले सीखने जाती थी।

डॉक्टर : अब फिर सीखो। तुम्हारी उँगलियाँ एकदम मुड़ जाती हैं। **(पूनम उँगलियाँ मोड़कर नृत्य की मुद्राएं बनाती है)**

डॉक्टर : **(उसके हाथ को अपने हाथ में लेकर)** तुम 'डान्स' ज़रूर सीखो, सच तुम्हारी उँगलियाँ बहुत अच्छी हैं, पतली और लम्बी। एकदम 'लेडीज़ फ़िंगर'। 'लेडीज़ फ़िंगर' माने जानती हो क्या होता है? भिंडी, **(हँसकर)** भिंडी।

(तभी डाक्टर की पत्नी छाया का बाहर से प्रवेश। वह बाज़ार से सामान ख़रीद कर लौट रही है। उसके सामान में साड़ी का एक बड़ा-सा डिब्बा भी है।)

छाया : मेरे साइकोलोजिस्ट महाशय, मुझे भिंडी की तरकारी बहुत पसन्द है। **(घर के अन्दर चली जाती है।)**

पूनम : वह क्या कह रहीं थीं?

डॉक्टर : **(चौंककर पूनम की ओर देखता है)** एँ? **(फिर सम्हालकर अपने चेहरे पर मुस्कुराहट लाकर)** कुछ नहीं पूनम... कुछ नहीं।

पूनम : **(उत्साह से)** एक बार की बात सुनो डॉक्टर, जब मैं छोटी थी, कोई चार-पाँच साल की रही हूँगी, तब मेरा बड़ा भाई दीपक पढ़ता था। वह बस मुझसे दो-तीन साल बड़ा था। मैं उससे बिलकुल नहीं डरती थी...हाँ बिल्कुल नहीं। तो वह जहाँ पढ़ रहा था, वहीं मैं एक दिन घूँघर बजाकर नाचने लगी। उसने मना किया कि वह पढ़ रहा है, लेकिन मैं नहीं मानी। इस पर वह ख़ूब बिगड़ा, गुस्से में मुझ पर चिल्लाने लगा, तभी उसके गाल पर एक कीड़ा बैठ गया। गुस्से में तो वह था ही, सो उसे कीड़े पर भी गुस्सा आया। उसने कीड़े पर थप्पड़ मारा। कीड़ा तो उड़ गया और थप्पड़ जनाब के गाल पर पड़ा। **(बच्चे की तरह खिलखिलाकर हँसती है। डॉक्टर भी हँसी में योग देता है।)**

डॉक्टर : चलो पूनम, तुम्हें बाहर स्कूटर दिलवा दूँ, तुम घर जाओ।

(डॉक्टर पूनम को लेकर बाहर जाता है। भीतर से छाया प्रवेश करती है। उसके पास साड़ी का डिब्बा है। डिब्बे से साड़ी निकाल कर देखती है। तभी माँ की भीतर से आवाज-बहू ज़रा यहाँ तो आना।

डॉक्टर : आई, **(अपने आप से)** उँह, यह बुढ़िया तो जब देखो तब बहू-बहू लगाये रहती है। **(साड़ी को मेज़ पर छोड़कर भीतर चली जाती है)**

(डॉक्टर कुछ क्षण बाद बाहर से आता है, वह मेज़ पर पड़ी साड़ी को उठाकर देखता है, फिर साड़ी की ओर

पीठ करके किताब लेकर पढ़ने बैठ जाता है, थोड़ी देर बाद छाया भीतर से निकलकर आती है। वह एक क्षण डॉक्टर और साड़ी को देखती खड़ी रहती है।)

छाया : तुमने मेरी साड़ी देखी?

डॉक्टर : **(मुस्कराकर)** हूँ।

छाया : कैसी लगी?

डॉक्टर : अच्छी है, काफ़ी मँहगी है।

छाया : पूरे पाँच हज़ार की है। तुम्हें मँहगे-सस्ते से क्या मतलब। यह रुपये हमें पापा ने दिये थे।

डॉक्टर : ओह!

छाया : हमारे पापा ने कहा, लो बेटा, मिठाई खाना और पाँच हज़ार रुपये दे दिये...और तुम मेरे लिए एक साड़ी भी नहीं ख़रीद सके।

डॉक्टर : **(खिसियाते हुए)** तुम्हारे पापा बड़े आदमी हैं, रुपये वाले। मैं तो भाई ग़रीब आदमी हूँ। **(विरक्ति से किताब उठाकर, पीठ मोड़कर बैठ जाता है)**

छाया : तुम्हारी वह चली गई?

डॉक्टर : कौन!

छाया : **(उपहास में)** अरे तुम्हारी वही, तुम्हारी हिरोइन...मिस पूनम।

(डॉक्टर उत्तर नहीं देता, उसी तरह बैठा रहता है।)

छाया : **(व्यंग्य से)** मैंने कहा दर्द उधर भी है या सिर्फ इधर ही इधर?

डॉक्टर : छाया समझदारी की बातें करो!

छाया : अरे, साइकोलोजिस्ट होकर तुम इतना भी नहीं जानते कि दिल के मामलों में समझदारी कहाँ।

डॉक्टर : छाया तुम्हें ऐसी बातें नहीं करनी चाहिए। पूनम मेरी 'पेशेन्ट' हैं।

छाया : हाँ, हाँ मैं भी तो यही कह रही हूँ कि पूनम मरीज़ है और तुम डॉक्टर हो। तुम पूनम के मर्ज़ के डॉक्टर और पूनम तुम्हारी मरीज़। मरीज़ और डॉक्टर! भगवान जोड़ी को सुखी रखे, जैसे तुम्हारे दिन बहुरे, वैसे सबके दिन बहुरें।

डॉक्टर : मैं तुमसे बात नहीं करूँगा।

छाया : हाँ, तुम तो यह चाहते ही हो कि कोई बहाना मिले और तुम बात न करो। अरे, न करो, कोई तुम्हारे पैर तो पड़ता नहीं, यह धोंस क्यों देते हो!

डॉक्टर : **(समझाने की कोशिश करते हुए)** छाया देखो, तुम मेरी पत्नी हो, तुम्हें मुझे समझना चाहिए। झूठा आरोप लगाना तुम्हें शोभा नहीं देता।

छाया : झूठा आरोप! **(हँसती है)**

डॉक्टर : **(हँसी से चिढ़कर)** हाँ, झूठा आरोप, किसी बिचारी को बदनाम करके...

छाया : बिचारी....-च-च-च...बिचारी... बड़ा ग़म है बिचारी के लिए! इसी ग़म में शायद दुबले हुए जा रहे हो।

डॉक्टर : छाया, मैं नहीं जानता था कि तुम इतनी शक्की हो, नहीं तो...

छाया : **(बात काटते हुए)** नहीं तो मुझसे शादी ही न करते **(बैठते हुए)** अच्छा, अब पता लग गया है कि मैं शक्की हूँ, कर दो 'डाइवोर्स' मुझे!

डॉक्टर : यह तो मैंने नहीं कहा, मैं तो सिर्फ़ इतना कह रहा था...

छाया : मैं जानती हूँ, तुम क्या कहना चाहते हो। मैं सब समझती हूँ, सच तो यह है कि मैं तुम्हारे योग्य नहीं हूँ।

डॉक्टर : कैसी बातें कर रही हो? तुम मेरे योग्य नहीं हो? **(चापलूसी के स्वर में)** पागल कहीं की, तुम जैसी स्त्री पाकर कौन अपने भाग्य को नहीं सराहेगा।

छाया : नहीं, मैं ठीक कह रही हूँ, मैं तुम्हारे योग्य नहीं हूँ।

डॉक्टर : यह बात तो नहीं, हाँ ऐसा हो सकता है कि मैं तुम्हारे योग्य न होऊँ।

(छाया उत्तर नहीं देती)

डॉक्टर : तुम्हें मेरे पास बहुत तकलीफ़ है, तुम्हें अपने पापा का वह आलीशान बंगला याद आता होगा। पापा की कार याद आती होगी...तुम सोचती होगी कि न जाने किस सायत में मेरी मुलाक़ात अमरीका में तुम्हारे पापा से हो गयी, तुम्हारे पापा मुझ पर रीझ गये और उन्होंने मेरी

ग़रीबी के बावजूद भी तुम्हारी शादी मुझसे कर दी।

(छाया चुप बैठी रहती है। उसके मुख पर अवहेलना के भाव हैं)

: **(सोचते हुए मुस्करा कर)** तुम्हारे पापा का विचार था कि मैं जीवन में बहुत सफल होऊँगा...ख़ैर हटाओ, **(छाया से)** मगर सोचो छाया, कार और बंगले के बिना भी तो हम लोग सुखी रह सकते हैं। याद है तुम्हें शादी के शुरू के दिन, जब हमें चिन्ता-फ़िक्र, रोना-धोना छू तक नहीं गया था। हम लोग अपने में इस तरह से खोये थे...

छाया : **(निर्ममता से)** सब दिन हमेशा एक से नहीं रहते।

डॉक्टर : हाँ, एक से दिन हमेशा नहीं रहते। आज तुम्हारे चेहरे पर शिकायत है और उसका कारण मैं जानता हूँ।

छाया : क्या जानते हो?

डॉक्टर : यही कि तुम्हें शान-शौक़त चाहिए, पैसा चाहिए, मोटर-बंगला चाहिए, नौकर चाहिए...

(छाया चुप रहती है।)

: बोलो ठीक कह रहा हूँ मैं?

छाया : क्या ग़लत है इसमें? कौन शान-शौक़त नहीं चाहता? कौन रुपया-पैसा, मोटर-बंगला, नौकर-चाकर नहीं चा. हता?

डॉक्टर : ठीक कहती हो, सब चाहते हैं, मगर क्या यही सब कुछ है? क्या इसके आलवा ज़िन्दगी नहीं है? आज हिन्दुस्तान में कितने आदमी हैं जिनके पास मोटर है, कितने आदमी हैं जिनके पास बंगले हैं, सच तो यह है कि आज आधे से ज़्यादा हिन्दुस्तान भूखा सोता है, आधा पेट खाता है, 'अंडर नरिश्ड' है।

छाया : इसके माने यह नहीं कि अगर सारा हिन्दुस्तान भूखा है तो हम भी भूखे रहकर संतोष करें। पेट भरने का प्रयत्न छोड़ दें। अमेरिका में हर तीसरे आदमी के पास कार है, क्यों न हम अमेरिका से आगे बढ़ने का प्रयत्न करें?

डॉक्टर : ज़रूर, हम आगे बढ़ने का प्रयत्न अवश्य करें, किन्तु

इसका अर्थ यह नहीं कि हम अपना रहा-सहा जीवन भी रो-रोकर काट दें...देखो छाया, सुख और दुख तो केवल मन की स्थितियाँ हैं, तुम चाहो तो बड़ी-से-बड़ी मुसीबत में भी सुखी रह सकती हो और बड़े-से-बड़े सुख में दुखी। **(डॉक्टर चिन्तामग्न कमरे में टहलता है, फिर अचानक रुककर छाया के निकट जाते हुए)**

: इसका कारण यह है कि तुमने कभी मेरे काम में रुचि नहीं ली। छाया, अगर तुम भी मनोविज्ञान पढ़ो और मेरे मरीज़ों में दिलचस्पी लो तो तुम्हें कभी मुझसे कोई शिकायत नहीं होगी। हम दोनों मिलकर एक ही उद्देश्य की साधना करेंगे, तब हम दोनों सुखी होंगे।

छाया : क्या यह ज़रूरी है कि जिसमें तुम्हारी रुचि हो उसमें मैं भी रुचि लूँ।

डॉक्टर : यही तो सफल वैवाहिक जीवन का रहस्य है। तब तुम्हें अपने पापा की मोटर और बंगला कुछ भी याद नहीं आयेगा। **(रुककर समझाते हुए)** छाया, दो तरह के आदमी होते हैं। कुछ आदमी केवल जीने के लिए जीते हैं, वह अपने सुख-साधनों के लिए अधिक से अधिक साधन जुटाते हैं और कुछ अपने आदर्शों के लिए जीते हैं। उनके लिये सारा जीवन एक साधना होती है। उनके लिये ये साधारण सुख, ये विलास सामग्रियाँ...बंगला... मोटर...कुछ भी अर्थ नहीं रखते। उनमें एक आग, एक आकांक्षा एक लगन होती है...और कुछ नहीं...

छाया : ऐसे आदमी को विवाह नहीं करना चाहिए।

डॉक्टर : **(आहत-सा)** छाया!

छाया : हाँ, ऐसे आदमी को विवाह नहीं करना चाहिए, उनका विवाह अपने आदर्शों से हो जाता है।

डॉक्टर : हाँ, तुम ठीक कहती हो, उन्हें विवाह नहीं करना चाहिए। **(रुककर)** मुझे विवाह नहीं करना चाहिए था। वाक़ई, मुझे विवाह का कोई अधिकार नहीं था। **(भीतर चला जाता है)**

(छाया कमरे में अकेली रह जाती है। वह साड़ी तह करके डिब्बे में रखती रहती है, तभी माँ का प्रवेश।)

माँ : बहू देखो आज सत्तमी है, इसलिए मुझे आग के पास नहीं जाना चाहिए, खाना तुम बना लेना...हाँ, मेरी बच्ची।

छाया : **(उठते हुए)** अम्मा जी, साफ़ सुन लो, तुम्हारी कभी सत्तमी है, कभी नौमी, मुझे जैसा खाना बनाना आता है वैसा ही बनाऊँगी। अगर तरकारी में नमक ज़्यादा हो जाये, दाल कच्ची रह जाये, और चावल जल जायें, तो कुछ न कहना!

माँ : तुम्हें कहूँगी भी कैसे, आज-कल की लड़की हो न, खाना बनाने में अपनी हेठी समझती हो।

छाया : आज-कल की बात नहीं है अम्मा जी, आज-कल की बहुत-सी लड़कियाँ खाना बनाने और चौका-बरतन करने वाली भी मिल जायेंगी। यह तो अपने-अपने घर की बात होती है। शादी के पहले तो मुझे यह भी नहीं मालूम था कि खाना कहाँ बनता है। घर में दस-दस नौकर थे, क्या करते हम लोग यह सब जानकर।

माँ : मगर बेटी, लड़की का ब्याह जिस घर में हो उसके हिसाब से काम करना पड़ता है।

छाया : करती नहीं हूँ क्या? करती ही हूँ, हमारे यहाँ पाँच अख़बार पढ़े जाते थे, आपके यहाँ सिर्फ़ एक अख़बार आता है, कभी मैंने कुछ कहा है?

माँ : **(व्यंग्य से)** यह तुम्हारी लायकी है।

छाया : पापा के साथ मैं हर सैटरडे शॉपिंग करने जाती थी, तो कम-से-कम एक साड़ी हर हफ़्ते ज़रूर ख़रीदती। मेरा लांड्री का बिल ही पाँच सौ रुपये का हो जाता था। बताओ मैं कुछ शिकायत करती हूँ?

माँ : **(व्यंग्य से)** अरे तुम तो बहुत अच्छी लड़की हो।

छाया : पहले मैं रोज़ शाम को सिनेमा देखने जाती थी, अब तो महीनों बिना देखे बीत जाते हैं। मैं मन मारकर चुप रह जाती हूँ। पहले पानी भी अपने हाथ से उठाकर नहीं पीती थी अब खाना बनाती हूँ, क्योंकि तुमको पूजा-पाठ करना होता है।

माँ : **(तनिक असंतोष से)** अरे माँ-बाप की सेवा करना तो बेटे-बहू का कर्तव्य होता है। अगर तुम कुछ करती हो,

तो इसमें कहना क्या?

छाया : यह लो, मेरा कहना भी तुमको बुरा लग गया, अम्मा जी।

माँ : सरवन कुमार अपने माँ-बाप को कंधे पर उठाए-उठाये तीरथ यात्रा करा लाये थे...

छाया : घबराती क्यों हो अम्मा जी, तुम्हारे लिए भी हम कंधों का इन्तज़ाम कर देंगे। एक नहीं चार-चार कंधों का...
(डॉक्टर का भीतर से प्रवेश)

डॉक्टर : **(क्रोध से)** छाया यह बदतमीज़ी है?

छाया : **(भयभीत किन्तु फिर भी अवज्ञा के स्वर में)** क्या?

डॉक्टर : मुझे यह सब पसन्द नहीं है, समझीं। **(आगे बढ़ने का उपक्रम करते हुए)** माँ से ऐसे बातें करनी चाहिए?

माँ : अरे जाने दो बेटा, उसे कुछ न कहो।

डॉक्टर : नहीं तुम अन्दर जाओ, कुछ न कहने से इसका सिर चढ़ता जा रहा है।

माँ : नहीं बेटा, कहने से कोई फ़ायदा नहीं।

डॉक्टर : तुम जाओ यहाँ से माँ, इस समय...जाओ... मैं कहता हूँ...जाओ। (माँ का हाथ पकड़कर भीतर दरवाजे में पहुँचा कर डॉक्टर लौटता है।)

डॉक्टर : सुनो छाया, साफ़-साफ़ सुन लो, अगर आइन्दा मैंने तुम्हारे मुँह से बदतमीज़ी की बात सुनी तो अच्छा नहीं होगा।

छाया : **(रुँआसी-सी)** बदतमीज़ी क्या है, इसमें?

डॉक्टर : इसे तुम बदतमीज़ी नहीं समझती? तुम्हारे पापा ने यही सिखाया था तुम्हें, जिन पर तुम्हें इतना नाज़ है। अगर फिर ऐसी बातें सुनीं तो...**(चलता है)**

छाया : तो...

डॉक्टर : तो तुम्हें अपने पापा के यहाँ जाना होगा...जहाँ यह तमीज़ समझी जाती है। **(घर के बाहर तेजी से प्रस्थान)**

छाया : **(आहत अभिमान से)** तो कौन तुम्हारे घर में रहना ही चाहता है। **(किन्तु अब तक डॉक्टर जा चुका है। वह सुबककर रो उठती है और मेज़ पर सिर रखकर बैठ जाती है। थोड़ी देर बाद बाहर के द्वार पर दस्तक सुनाई**

पड़ती है। छाया चौंककर उठ बैठती है और आँसू पोंछती है, तभी दरवाजे से देवेन्द्र झाँकता है, चोर-सा, फिर हट जाता है, दरवाजा फिर खटखटाता है।)

छाया : **(चौंककर)** कौन है? **(जल्दी से आँख पोंछती उठ खड़ी होती है।)**

देवेन्द्र : **(प्रवेश करके)** हलो...।

छाया : **(बिना पहचाने)** आप, कौन?

देवेन्द्र : हलो छाया, मैं हूँ।

(छाया प्रश्न चिन्ह-सी उसकी ओर देखती है)

देवेन्द्र : मैं हूँ, देवेन्द्र!

छाया : ओह, देवेन्द्र तुम, हलो...तुम कैसे?

देवेन्द्र : मैं कैसे? मैं बस ऐसे ही।

छाया : **(बैठने के लिए इशारा करते हुए)** यह तो ठीक है, मगर आज अचानक किधर से आ गये, इतने दिनों बाद।

देवेन्द्र : **(बैठते हुए)** इतने दिनों बाद! अगर मैं पहले भी आता तो क्या फ़ायदा था; आप तो पहचानती नहीं।

छाया : वाह, पहचानती क्यों नहीं?

देवेन्द्र : कहाँ, आज ही आपने कहाँ पहचाना?

छाया : वह तो बात यह हुई कि...मैंने तुम्हें देखा भी तो कितने साल बाद। तीन और दो पाँच-पाँच साल हो गये मुझे यूनिवर्सिटी छोड़े। बस, तब के बाद आज मिल रही हूँ तुमसे। इसीलिए पहचान नहीं सकी एकदम।

देवेन्द्र : मगर मुझे देखिए, मैं तो तुरन्त पहचान गया। मैं तो आपको इन पाँच सालों में भी नहीं भूला।

छाया : **(मुस्कराकर)** मगर तुम कहाँ हो? क्या कर रहे हो इन दिनों? तुम्हारा तो कुछ पता ही न चला।

देवेन्द्र : पता कैसे चलता, आप पता लगाने की कोशिश करतीं तो ज़रूर पता चलता। मुझी को देखिए न, कहाँ इलाहाबाद, कहाँ दिल्ली, पता लगाता-लगाता आ ही गया यहाँ तक। जब दिल को दिल से राह होती है...

छाया : **(बात काटते हुए)** तुमने बताया नहीं, क्या कर रहे हो?

देवेन्द्र : क्या कर रहा हूँ? इस समय आपसे बातें कर रहा

हूँ।

छाया : **(थोड़ा हँसकर)** यह नहीं, क्या काम करते हो?

देवेन्द्र : आप से बातें करना भी तो एक काम है। आपकी निगाहों में इसका कोई मूल्य नहीं, किन्तु मेरे लिए बहुत कुछ है।

छाया : **(मुस्कराकर)** तुम्हारी पुरानी आदत अभी तक नहीं गयी, 'एक्टिंग', हर समय एक्टिंग। अरे बाबा यह स्टेज नहीं है।

देवेन्द्र : **(खड़े होकर)** शेक्सपियर ने कहा है कि दुनिया एक बहुत बड़ा स्टेज है और हम सब अभिनेता हैं।

छाया : शेक्सपियर का नाम तो तुम न लो देवेन्द्र! शेक्सपियर को तुमसे ज़्यादा मैंने पढ़ा है। क्लास में तो तुम बहुत कम आते थे और मुझे याद है तुम परीक्षा में नक़ल किया करते थे।

देवेन्द्र : तुम्हें बहुत याद है। तुम्हें सब याद है। क्या तुम कुछ नहीं भूलीं?

छाया : **(उत्तर टालते हुए)** पता नहीं...

देवेन्द्र : 'कनिंग गर्ल' बातें बनाना भी तुम्हें याद है।

छाया : तो तुमने बताया नहीं कि तुम क्या करते हो?

देवेन्द्र : 'एक्टिंग'

छाया : वह तो तुम हमेशा करते हो, मगर कोई नया काम?

देवेन्द्र : **(रोमानी अन्दाज में)** नहीं, मैं अब भी वही पुराना काम करता हूँ। मुझे हर पुरानी चीज़ से प्यार है **(एक क्षण की खामोशी के बाद)** मैं फ़िल्मों में काम करता हूँ।

छाया : ओह, तो तुम फ़िल्म में हो!

देवेन्द्र : जी, फ़िल्म नहीं, फ़िलम। हम बम्बई वाला फ़िल्म को फ़िलम बोलता है।

छाया : अच्छा फ़िलम ही सही, मगर किसी में तुमको देखा नहीं अब तक?

देवेन्द्र : ताज्जुब है! अरे मदाम, अब तक मैं बीसों फ़िल्मों में काम कर चुका हूँ। किसी में साधू, किसी में डाकू, किसी में चोर तो किसी में पुलिस दरोगा, कभी सेठ और कभी मुनीम, कहीं ज़मींदार तो कहीं कारिन्दा। कभी

चार सेकेण्ड का रोल, तो कभी चार मिनट का।

छाया : ओह, "एक्स्ट्रा" हो, अभी तक।

देवेन्द्र : जी हाँ मेम साहब, एक्स्ट्रा! पेट भर जाता है, और चाहिए ही क्या मुझे। ज़िन्दगी हँसते-खेलते गुज़र जाये, यही बहुत है...लेकिन इधर तो कुछ बड़े रोल भी मिले हैं। मेरा ख़्याल था कि मेरा चौखटा हीरो बनने लायक़ है लेकिन बुरा हो उस कम्बख़्त डाइरेक्टर के बच्चे का, मुझसे बोला-तुम एकदम विलेन हो।

छाया : **(एकदम खिलखिला कर)** विलेन?

देवेन्द्र : हाँ विलेन! छाया, क्या मैं चेहरे से विलेन लगता हूँ?

छाया : पता नहीं।

देवेन्द्र : अब मैं तीन फ़िलमों में विलेन के बड़े-बड़े रोल कर रहा हूँ।

छाया : **(दिलचस्पी से)** कैसे लगोगे तुम विलेन के रोल में?

देवेन्द्र : लगूंगा कैसा, जैसा हूँ, वैसा लगूंगा। ज़रा गरदन तिरछी की, होंठ टेढ़े किये और एक आँख दबाकर हिरोइन के पास जाकर कहा-मेरे दिलोजान की मलका, मैं तुमसे मोहब्बत करता हूँ!

(पुराने पारसी थियेटर के अभिनय के अन्दाज में छाया के पास जाता है, तभी बाहर से डॉक्टर का प्रवेश। वह छाया और देवेन्द्र को गम्भीरता और वितृष्णा की दृष्टि से देखता हुआ अन्दर चला जाता है।)

देवेन्द्र : **(चौंककर)** अरे बाप रे बाप, यह कौन था?

छाया : यह मेरे पति थे।

देवेन्द्र : **(भयभीत स्वर में)** पति! हे भगवान, अपने भक्त की रक्षा कर।

छाया : **(एकदम हँसकर)** क्या हुआ!

देवेन्द्र : अरे, अभी तो असली नाटक हुआ जाता। मैं तो सचमुच ही विलेन बन गया। वह लाठी लेकर आयेगा और कहेगा, ऐ नाकाम, बदअंजाम, बदलगाम! अभी करता हूँ, तेरा काम तमाम। बोल, तू मेरी बीवी से क्या कह रहा था...

(भयभीत स्वर में) हे भगवान, अपने भक्त की रक्षा

कर।

छाया : घबराओ नहीं, वह ऐसे नहीं हैं जो लाठी लेकर आएं। वह बेचारे बहुत सीधे हैं।

देवेन्द्र : सीधे, अरे यह सीधे लोग बहुत ख़तरनाक होते हैं। बबूल का काँटा भी बहुत सीधा होता है, मगर जब चुभता है तो, ओ माई लार्ड!

छाया : नहीं-नहीं, वह वाक़ई बिलकुल सीधे हैं।

देवेन्द्र : **(चैन की सांस लेते हुए)** ओह, वाक़ई बिलकुल सीधे, यानी तुम्हारा मतलब है, गाय की तरह सीधे? **(बैठते हुए)** तब ठीक है; मैं तो एकदम घबरा गया था। दिल में घुड़दौड़ शुरू हो गयी थी जो अभी तक नहीं रुकी।

छाया : लगता है, तुम्हारा दिल कमज़ोर है।

देवेन्द्र : यही, बिल्कुल यही। अगर दिल कमज़ोर न होता तो इधर-उधर के मरज़ों का शिकार इतनी आसानी से नहीं बन जाता।

छाया : तुम्हारे दिल के पुराने मर्ज़ का क्या हुआ?

देवेन्द्र : कौन-सा पुराना मर्ज़?

छाया : अरे वही पुराना मर्ज़

देवेन्द्र : मैं समझा नहीं।

छाया : सुमित्रा...।

देवेन्द्र : सुमित्रा? हाँ, हाँ, सुमित्रा। बात तो असली यह है कि जब तुमने लिफ़्ट नहीं दी तो मुझे सुमित्रा से ही ''लिफ़्ट'' लेनी पड़ी।

छाया : सुना था, तुम लोगों का रोमाँस बड़े जोरों पर था। तुम लोग शादी करने वाले थे।

देवेन्द्र : **(लापरवाही से)** हाँ, शादी तो ज़रूर करने वाले थे, लेकिन फिर की नहीं।

छाया : क्यों?

देवेन्द्र : अब तुम्हीं बताओ छाया, कैसे शादी हो सकती थी। सुमित्रा चाहती थी कि उसका पति आई.ए.एस. या पी.सी.एस. हो। सरकारी अफ़सर हो, और मैं ठहरा एक्टर आदमी। मैंने कहा, टा-टा...बाई-बाई। तुम्हें कलेक्टर मुबारक, डिप्टी कलेक्टर मुबारक, अफ़सर मुबारक, हम

तो चले अपनी राह।

छाया : फिर सुमित्रा को मिला कोई आई.ए.एस. या पी.सी.एस.। शादी हो गई किसी सरकारी अफ़सर से!

देवेन्द्र : आई.ए.एस. या पी.सी.एस. तो नहीं, हाँ एक सरकारी अफ़सर से उसकी शादी ज़रूर हो गयी।

छाया : किस सरकारी अफ़सर से?

देवेन्द्र : **(मूछें ऐंठने का अभिनय करते हुए)** एक दारोग़ा से।

(छाया जोर से हँसती है)

देवेन्द्र : सुना है, थानेदारिनी साहिबा बहुत मज़े में हैं। दो बच्चे हैं। बहुत मोटी भी हो गयी हैं।

(देवेन्द्र कमरे में घूमकर अलमारी की किताबें देखने लगता है।)

देवेन्द्र : बड़ी मोटी-मोटी किताबें हैं। इन्हें देखकर मैं सुमित्रा के मुटापे की कल्पना करने लगा हूँ।

छाया : तुम्हें दुख नहीं होता?

देवेन्द्र : दुख! अरे वाह, दुख काहे का होगा? चलो अच्छा ही हुआ। जिसे मुझसे सहानुभूति नहीं थी, जिसके मन में मेरी रुचि के लिए आदर नहीं था, उससे छूट जाने पर मुझे, सच पूछो छाया, तो सुख ही हुआ।

(छाया उत्तर नहीं देती)

देवेन्द्र : ये किताबें...क्या इन्हें तुम पढ़ती हो?

छाया : नहीं, यह उनकी हैं।

देवेन्द्र : उनकी, यानी गऊ पति की? काफ़ी विद्वान् मालूम पड़ते हैं।

छाया : बस, दिन-रात पढ़ा ही तो करते हैं। साइको-थिरैपी में अमेरिका से डॉक्टर हैं।

देवेन्द्र : अजी, अपन तो ज़्यादा पढ़ने-लिखने में यक़ीन नहीं करते। ज़्यादा पढ़ने से आदमी अपनी ज़िन्दगी उलझा लेता है। यह ज़िन्दगी तो जीने के लिए है, हँसते, खेलते, जीने के लिए।

छाया : कहाँ है ज़िन्दगी में, हँसी-खेल?

देवेन्द्र : जीने वालों के लिए ज़िन्दगी हँसी-खेल ही है। मुझी को देखो, सुमित्रा नहीं है, तो न सही। मुझे कोई मलाल

नहीं। किसी तरह यों ही मस्ती में उमर कट जाये, तो और चाहिये ही क्या?

छाया : काश, सब लोग तुम्हारी तरह हो सकते!

देवेन्द्र : छाया, ज़िन्दगी तो एक नदी है नदी। कुछ उसकी झूमती हुई लहरों के साथ तैरते-इठलाते आगे बढ़ जाते हैं और कुछ उसकी गहराईयों का पता लगाने के चक्कर में उसी में डूब जाते हैं। अपने तो भाई लहरों के साथ तैरना पसन्द करते हैं, और तुम्हारे पति शायद डूबना?

छाया : तुम्हारी यह बेफ़िक्री देखकर जलन होती है! काश मैं भी ऐसी ही होती। निर्द्वन्द, निर्बन्ध। लेकिन मेरे पैरों में तो बेड़ी पड़ गयी है। समाज की मोटी बेड़ी।

देवेन्द्र : कमज़ोरों के पैर ही गिरफ़्तार हो सकते हैं। दुनियाँ की कोई भी ऐसी बेड़ी नहीं जो मुझे बाँध सके, जो मेरे पैर की ठोकर से टूट नहीं जाए।

छाया : तुम हमेशा ही से ऐसे हो। उन दिनों भी तुम ऐसे ही बातें किया करते थे।

देवेन्द्र : तब तो तुम मुझे बेवकूफ़ समझती होगी?

छाया : बेवकूफ़ तो नहीं, लेकिन सनकी ज़रूर समझती थी। बातें भी तो तुम बड़ी बहकी-बहकी आसमान को छूने वाली किया करते थे। मैं यह बनूंगा, मैं वह करूँगा।

देवेन्द्र : तुम मुझे कुछ भी समझती रही हो, लेकिन जब नाटक में तुम मेरी पत्नी बनीं, तो उन दिनों गर्व से मेरे क़दम सातवें आसमान पर पड़ते थे। दोस्तों में मेरा बेहद रौब था। आधी युनिवर्सिटी तो जलकर ख़ाक हो गयी थी! जलती क्यों न? आख़िर को तो तुम मिस युनिवर्सिटी थीं। **(घड़ी देखकर)** अब चलूँ, छाया!

छाया : अच्छा जाओ, लेकिन जब तक दिल्ली में हो, कभी-कभी चले आना। यहाँ कोई दोस्त ही नहीं है। अकेले मेरा मन ऊबता है।

देवेन्द्र : **(चलते समय, मुँह में सिगार लगाकर, लाइटर जलाते हुए)** याद है तुम्हें, उस नाटक में हमारा-तुम्हारा झगड़ा हो गया था और जब मैंने बाद में मुँह में सिगार लगाया, तो तुमने समझौता करने के लिए...

छाया : मैंने तुम्हारा सिगार जलाया था।
(छाया देवेन्द्र का लाइटर लेकर उसकी सिगार जलाती है, तभी भीतर से डॉक्टर का प्रवेश। देवेन्द्र जल्दी से, मुँह में जलता सिगार निकालकर मेज़ के किनारे रख देता है, तथा डॉक्टर की ओर तपाक से हाथ बढ़ाता है।)

देवेन्द्र : बड़ी खुशी हुई आप से मिलकर साहब **(हाथ मिलाकर)** आपकी तारीफ़ छाया से सुन चुका हूँ। बड़े क़ाबिल आदमी हैं आप। मुझे जी, ख़ाकसार को देवेन्द्र कहते हैं। मैं बम्बई में फ़िलम में काम करता हूँ। हम बम्बई वाले फ़िल्म को फ़िलम बोलता है, ही-ही...जी, फ़िलम बोलता है...मैं छाया को युनिवर्सिटी से जानता हूँ। हम लोगों ने एक ड्रामे में भाग लिया था...बड़ी खुशी हुई आप से मिलकर... इस समय इजाज़त दीजिये, जल्दी है फिर कभी हाज़िर हूँगा। **(छाया से)** गुडलक, टा टा!
(देवेन्द्र बाहर जाता है, लेकिन डॉक्टर कुछ देर विस्मित-सा खड़ा रहता है। फिर उसकी निगाह मेज़ पर रखे सिगार पर पड़ती है।)

डॉक्टर : **(सिगार को बाहर फेंकते हुए)** मुझे सिगार से नफ़रत है...

छाया : और मुझे दक़ियानूस, ईर्ष्यालु पतियों से।
(भीतर काँच के बर्तन के गिरने और फूट जाने की झनझनाहट)

डॉक्टर : **(तनिक ऊँची आवाज में)** माँ, क्या हुआ!
(माँ भीतर के द्वार पर प्रकट होती है। हाथ में टूटे फूलदान के टुकड़े हैं।)

माँ : स्टूल से पैर लड़ गया। फूलदान गिर के टूट गया। फूल बिखर गये।

(यवनिका)

द्वितीय अंक

(दस वर्ष बाद लखनऊ में डॉक्टर वशिष्ठ की क्लीनिक। क्लिनिक को देखते ही स्पष्ट हो जाता है कि दस वर्ष पहले के संघर्षरत डॉ. वशिष्ठ के स्थान पर, अब वह मान्यताप्राप्त, प्रतिष्ठित और सफल मनोचिकित्सक हैं। क्लिनिक का बाँया द्वार बाहर को खुलता है, तथा दायाँ द्वार उस इमारत के भीतरी कमरों में, जिनमें डॉ. वशिष्ठ रहते हैं। पीछे की दीवार पर एक बड़ी खिड़की है।

मंच पर पीछे, बाई ओर एक ऑफिस टेबिल और कुर्सी है। टेबिल के पास दो कुर्सियाँ और रखी हैं। मंच के दाहिनी तरफ कुछ पीछे को एक "साइकेट्रिस्ट कोच" पड़ी है। कोच और दाई दीवार के बीच में डॉक्टर के बैठने की कुर्सी पड़ी है। कोच और ऑफिस टेबिल के बीच में सोफ़ा सेट के तीन टुकड़े, एक गोल मेज़, कुछ पत्रिकाएँ आदि हैं।

ऑफ़िस टेबिल पर टेलीफ़ोन, एक टेबिल लैम्प, पैन-स्टैण्ड, कुछ फाइलें इत्यादि रखी हैं। दाहिनी दीवार पर आगे की तरफ़ डॉक्टर वशिष्ठ की माँ की तस्वीर टँगी है। दरवाजों पर पर्दे हैं।

(मनोहर बाहर से आदित्य को लेकर आता है।)

मनोहर : **(प्रवेश करके)** अन्दर आ जाइये साहब! **(आदित्य का प्रवेश)** बइठ जाइये, डॉक्टर साहब मरीज़न को देखे गइन हैं-अइत होंगे। आप बइठें।

(मनोहर बाहर चला जाता है।)

(आदित्य थोड़ी देर अकेला बैठा रहता है, तभी टेलीफ़ोन की घंटी बजती है। आदित्य कुछ देर प्रतीक्षा करता है कि कोई आकर टेलीफ़ोन उठा ले, किन्तु जब कोई नहीं आता तो असमंजस में स्वयं ही उठा लेता है।)

आदित्य : यह मेन्टल क्लिनिक है। **(चौककर)** जी, क्या कह रहे हैं आप। प्रलय हो गयी, नहीं साहब...! जी... जी..., सूरज के तवे पर आप रोटी सेंक रहे हैं और आपके गले में एटमबम की माला पड़ी है... हे भगवान, तभी धरती फट गयी और नंगी लाशों का जुलूस! जी? **(घबराकर)** उनके धड़ों पर सिर नहीं है। उनके गले से खून का फौव्वारा, लाल-लाल, गरम ख़ून का फौव्वारा ...क्या कह रहे हैं आप? **(घबराकर टेलीफ़ोन रख देता है और कुर्सी तक जाकर जैसे ही बैठना चाहता है कि तभी फिर घंटी बज उठती है। अनिश्चित-सा वह फिर टेलीफ़ोन उठा लेता है)** जी...जी...**(भयभीत स्वर में)** ख़ून के फौव्वारों के छींटे आप पर पड़ रहे हैं...आपने उसमें अपनी डबल रोटी भिगो ली, फिर आप खा गये! ...आप आदमी हैं?...जी...**(सकपकाहट में)** कटी टाँगों का जुलूस...**(टेलीफ़ोन रखकर, भयाक्रान्त काँपते स्वर में)** हे भगवान! **(टेलीफ़ोन रख देता है और टेलीफ़ोन से कुछ और दूर की कुर्सी पर आ बैठता है।)**

(डॉ. रवीश का प्रवेश। वह आश्चर्य से आदित्य की ओर देखता है। तभी टेलीफ़ोन की घंटी बजती है। उसे सुनते ही रवीश इशारे से डॉ. रवीश का ध्यान टेलीफ़ोन की ओर आकर्षित करता है।)

रवीश : **(टेलीफ़ोन पर सुन कर)** जी? अच्छा, अच्छा! **(मुस्कुरा कर)** मैंने सब नोट कर लिया है। मैं डॉक्टर वशिष्ठ को दिखा दूँगा। और कुछ नहीं? अच्छा नमस्कार! **(टेलीफ़ोन रखकर आदित्य से)** आप डॉक्टर वशिष्ठ के दोस्त हैं! दिल्ली से आये हैं! मनोहर कह रहा था।

आदित्य : जी हाँ! **(वह अब भी घबराया-सा है)**

रवीश : आप तो लगता है एकदम डर गये हैं। इतमिनान

से बैठिये! **(हँसकर)** यह एक मिस्टर केदारनाथ उर्फ जिज्ञासु जी का टेलीफ़ोन था। रईस हैं, शहर में बीसियों कोठियाँ बंगले हैं इनके! काम-धाम कुछ है नहीं, बस उसी की कमाई खाते हैं। बचपन में चन्द्रकान्ता सन्तति पढ़कर इनके मस्तिष्क का विकास हुआ और बड़े होकर फ़िलासफ़ी का शौक़ हो गया। शक्की तो जनम के हैं और ज़रा-सी बात को लेकर उस पर घंटों माथा पच्ची करना इनकी हमेशा की आदत है। शादी की नहीं है, और कोई काम-धाम भी नहीं है इसलिए बेकारी में दिमाग़ अपने आप कुलांचे खायेगा ही। अब तो दिमाग़ काफ़ी पटरी से उतर गया है।

आदित्य : मगर वह यह सब क्या कह रहे थे?

रवीश : जिज्ञासु जी अक्सर बड़े अजीबो-ग़रीब सपने देखते हैं और जब वे किसी को सुनाना चाहते हैं तो कोई सुनने को तैयार नहीं होता। इससे उनकी तबियत और घबराती है। डॉक्टर वशिष्ठ ने उनसे कह दिया है कि जब कभी वह ऐसा खतरनाक सपना देखें तो उनको टेलीफ़ोन पर बता दें। इस प्रकार उनका तनाव कम हो जाता है।

आदित्य : मगर यह तो वशिष्ठ ने अजीब मुसीबत मोल ले ली है।

रवीश : **(हँसकर)** मुसीबत! आदित्य साहब, यही तो डॉक्टर साहब के जीवन का व्रत है।

आदित्य : जीवन का व्रत? वाह, यह भी ख़ूब है। मान लीजिये, आपके जिज्ञासु जी की आँख रात के दो बजे ही खुल गयी और वह दो बजे ही सपना बताने लगे, तो वशिष्ठ की तो नींद ही गयी।

रवीश : डॉक्टर वशिष्ठ तो सोते ही दो बजे हैं और फिर अगर बाद को भी जगना पड़ जाये, तो हमेशा तैयार रहते हैं।

आदित्य : क्या करते रहते हैं दो बजे तक?

रवीश : प्रयोग और अध्ययन। उनके अनुसंधानों की भारत-वर्ष से अधिक विदेशों में चर्चा है। उनके लेख फ़्रेन्च

और जर्मन पत्रिकाओं में बराबर छपते रहते हैं। उनका जीवन बड़ा कर्मठ है। रात में दो बजे तक जगने पर भी वह सुबह छह बजे से काम में जुट जाते हैं।

आदित्य : तो आख़िर वह आराम कब करते हैं?

रवीश : आराम? जो दुनिया में कुछ करना चाहते हैं उन्हें आराम कहाँ! डॉ. वशिष्ठ भी उसी श्रेणी के महान व्यक्तियों में से हैं।

आदित्य : ओह!

रवीश : यह क्लिनिक ही उनका घर है और ये मरीज़ ही उनके घर वाले। दिन-रात बस उन्हीं की सेवा में रत रहते हैं। जब से उनकी पत्नी की मृत्यु हुई...

आदित्य : **(बात काटते हुए)** उनकी पत्नी की मृत्यु हो गयी?

रवीश : हाँ, आज से लगभग दस वर्ष पूर्व।

आदित्य : दस वर्ष पूर्व। आपको कैसे मालूम?

रवीश : एक बार डाक्टर साहब ही कह रहे थे।

आदित्य : क्या डॉक्टर वशिष्ठ अपनी पत्नी के बारे में प्रायः बातें करते हैं?

रवीश : नहीं, वह अपनी पत्नी के बारे में कभी भी बात नहीं करते।

आदित्य : अच्छा।

रवीश : ऐसा लगता है वह अपनी पत्नी को बेहद प्यार करते थे, और उनकी मृत्यु से उन्हें बेहद सदमा पहुँचा। इसीलिए शायद वह अपनी पत्नी के बारे में बात भी नहीं करते। वह उन्हें भुला रखना चाहते हैं।

आदित्य : ओह!

रवीश : और शायद उनका अपनी पत्नी के लिए प्यार, अब रोगियों की सेवा में परिवर्तित हो गया है।

आदित्य : **(टटोलते हुए)** प्यार या नफ़रत?

रवीश : **(आश्चर्य से आदित्य को घूरते हुए)** जी, क्या कहा आपने? नफ़रत?

रवीश : **(माफी माँगता-सा)** नहीं नहीं, मेरा कोई मतलब नहीं है, इससे। मैंने यों ही कहा। प्यार और नफ़रत में ज़्यादा

अन्तर नहीं है, इसलिए यों ही मुँह से निकल गया।

रवीश : **(दृढ़ स्वर में)** मैंने कहा आदित्य साहब, डॉ. वशिष्ठ अब प्यार और नफ़रत से कहीं ऊपर हैं। वह मामूली आदमी की तरह इन बातों से नहीं बने हैं। वह ''साइकेट्रिस्ट'' हैं। वह इन मानसिक भावनाओं से अलिप्त रहकर ही मानसिक रोगियों का इलाज कर पाते हैं।

आदित्य : हाँ, यह तो है ही। **(बात बदलते हुए)** अच्छा डॉक्टर रवीश, आपके यहाँ मरीज़ों के रहने का भी स्थान है।

रवीश : जी हाँ, हम अपने यहाँ मरीज़ों को रखते हैं। यहाँ आते समय लॉन के उस ओर जो आपने पीली इमारत देखी होगी, वहीं हम लोग अपने मरीज़ रखते हैं।

आदित्य : उन्हें तो आप जंज़ीरों से बाँध कर रखते होंगे?

रवीश : जी नहीं। हमारे यहाँ जंज़ीर में बाँधकर कोई नहीं रखा जाता। 'वाइलैन्ट पेशेन्ट्स' अपने यहाँ नहीं रखते। उन्हें आगरा या राँची के पागलख़ाने भेजने की सलाह देते हैं।

आदित्य : तो वे खुले घूमते हैं?

रवीश : हाँ, हम उन्हें साधारण आदमियों की ही तरह रखते हैं। हमारी कोशिश यह रहती है कि उनकी अधिक से अधिक आत्माभिव्यक्ति हो, इसलिए हम उन्हें खुला ही रखते हैं और उचित साधनों को प्रदान करने का प्रयत्न करते हैं।

आदित्य : बड़े मज़ेदार होते होंगे, यह पागल भी?

रवीश : हाँ, लेकिन कभी उनकी आँखों में ग़ौर से नहीं देखना चाहिए। इससे उन्हें अनुभव होता है कि कोई उनकी ओर विशेष ध्यान दे रहा है, और वे विचलित हो जाते हैं।

(मनोहर का बाहर से प्रवेश)

मनोहर : छोटे डॉक्टर, बड़े डॉक्टर तुम्हें मरीज़ नम्बर सात के कमरे में बुलावत हैं।

रवीश : **(आदित्य से)** माफ़ कीजिएगा। **(बाहर प्रस्थान)**।

मनोहर : **(आदित्य से)** आप बइठें, बड़े डॉक्टर बस थोड़ी देर में

आते हैं।

आदित्य : अच्छा!

(मनोहर का बाहर प्रस्थान)

(आदित्य कुछ देर अकेला बैठा रहता है, तभी एक आदमी (पागल) हाथ में फावड़ा लिये कमरे में आकर एक ओर ज़मीन पर बैठ जाता है। आदित्य उसकी ओर देखता है। आँख मिलते ही वह मुस्कुरा पड़ता है, आदित्य तुरन्त मुँह फेर लेता है, किन्तु थोड़ी देर बाद आदित्य फिर उस आदमी को देखता है। आँखें मिलते ही वह फिर मुस्कुराता है और आदित्य जल्दी से मुँह फेर लेता है। यह क्रम दो-तीन बार चलता है। अन्त में पागल उठ खड़ा होता है और उसे खड़ा होते देखकर आदित्य भी घबरा कर कुर्सी से उठ खड़ा होता है। पागल आदित्य की ओर बढ़ता है, आदित्य धीरे-धीरे पीछे हटता हटता एकदम भागने लगता है; पागल भी आदित्य के पीछे भागता है; दोनों दो-तीन चक्कर मेज़ के चारों ओर कमरे में लगाते हैं; उसी समय मनोहर कमरे में प्रवेश करता है और आदित्य भागकर कमरे के बाहर निकल जाता है। फिर भी हाथ में फावड़ा लिये पागल उसका पीछा करता बाहर जाता है।)

मनोहर : **(उसके पीछे जाते हुए)** अरे नम्बर दस को पकड़ो, पकड़ो!

(नेपथ्य में कई कंठों से स्वर उठता है, 'पकड़ो ...पकड़ो'। मंच पर कोई नहीं है, तभी आगे-आगे आदित्य और पीछे-पीछे भागते पागल का प्रवेश, वे एक-दो चक्कर कुर्सियों का लगाते हैं और अन्त में आदित्य कुर्सी से टकरा कर गिर पड़ता है। आदित्य का मुँह डर से पीला पड़ जाता है। ऐसा लगता है कि पागल अब आदित्य पर फावड़े से प्रहार करने ही जा रहा है किन्तु अचानक वह हाथ बढ़ाके आदित्य को छूकर खुशी से चिल्लाता है।)

पागल : छू लिया, छू लिया...

(आदित्य की साँस वापिस लौटती है, तभी डॉ. वशिष्ठ का प्रवेश। वह पागल के पास जाकर उसकी पीठ थपथपाते हैं।)

डॉक्टर : शाबाश तुमने छू लिया, अच्छा, अब जाओ।

(पागल प्रसन्नता और गर्व से भरा बाहर प्रस्थान करता है।)

डॉक्टर : **(आदित्य से)** अरे, तुम तो एकदम डर गये।

आदित्य : **(अपने को सम्भाल कर)** मैंने तो समझा था, कम्बख़्त ने जान ही ले ली।

डॉक्टर : **(हँसकर)** और कहो आदित्य, आज दिल्ली से कैसे भूल पड़े?

आदित्य : यों ही, एक लेखकों का सम्मेलन यहाँ हो रहा है, उसी में प्रतिनिधि होकर आया हूँ।

डॉक्टर : हाँ, हाँ लेखक सम्मेलन, अख़बार में देखा था मैंने। तुम कहाँ हो? वहीं दिल्ली यूनीवर्सिटी में?

आदित्य : हाँ।

डॉक्टर : आज नौ साल बाद मिला हूँ, तुमसे।

आदित्य : हाँ, दिल्ली को छोड़कर जब से तुमने लखनऊ में प्रैक्टिस शुरू की है तब से क्या कभी दिल्ली नहीं गये?

डॉक्टर : गया था, लेकिन बस दो-एक दिन के लिए, कॉन्फ़्रेंस इत्यादि में, लेकिन व्यस्तता ऐसी थी कि किसी से भी मिल नहीं सका।

आदित्य : यहाँ लखनऊ में तो तुम्हारी प्रैक्टिस ख़ूब जम गई है।

डॉक्टर : हाँ, यह बात भी है; और यहाँ क्लिनिक में मरीज़ जो हैं, उनकी ज़िम्मेदारी भी तो मुझी पर है। इसलिए मैं ज़्यादा दिन बाहर रह नहीं सकता।

आदित्य : तुम बहुत बड़ा काम कर रहे हो, तुम्हारी चारों ओर ख़ूब कीर्ति फैल रही है।

डॉक्टर : मेरी कीर्ति नहीं, मेरे उद्देश्य की कीर्ति कहो।

आदित्य : नौ-दस साल पहले कोई तुम्हारी इस सफलता की कल्पना भी नहीं कर सकता था।

डॉक्टर : भविष्य में क्या है उसे कोई पहले से नहीं कह सकता।

आदित्य : तुम बहुत काम करते हो। तुम्हें कुछ अपना भी ख़्याल रखना चाहिए।

(डॉक्टर मुस्कुराता है)

आदित्य : इसमें हँसने की क्या बात है? तुम्हें अपनी तन्दुरुस्ती का पूरा ख़्याल रखना चाहिए।

डॉक्टर : मेरा जीवन उस उद्देश्य से बड़ा नहीं जिसके लिए मैं काम कर रहा हूँ।

आदित्य : क्या है तुम्हारा उद्देश्य?

डॉक्टर : मानसिक रोगियों की सेवा करके उनके जीवन में सन्तुलन, शान्ति और प्रेम स्थापित करना। इस औद्योगिक युग में प्रतिस्पर्धा इतनी तीव्र है कि अधिकांश लोगों का जीवन विषमता और दुख का शिकार हो जाता है।

आदित्य : हाँ, यह बात तो ठीक है।

डॉक्टर : लोगों में इतने ''कॉम्पलेक्सेज़'' होते हैं कि वे बिना बात अपनी ज़िन्दगी दूभर कर लेते हैं। इसलिए मनुष्य को चाहिए कि वह अपना मानसिक ढाँचा सन्तुलित रखे। न किसी से बेहद प्यार करे और न नफ़रत। दूसरों के दोषों और कमियों को देखने से तो जीवन और भी दुखमय हो जायेगा। इसलिए स्वयं अपनी शान्ति और मानसिक सन्तुलन के लिये मनुष्य को क्षमाशील होना चाहिए। यह जीवन बिना उदारता और महानता के नहीं जिया जा सकता।

आदित्य : क्या तुम इन सिद्धान्तों का पालन स्वयं भी करते हो?

डॉक्टर : अगर मैं इनका पालन न करता होता, तो मानसिक रोगियों का उपचार कैसे कर सकता।

आदित्य : अच्छा।

डॉक्टर : हाँ, मेरी व्यक्तिगत आकांक्षाएं समाप्त हो गयी हैं, क्योंकि मैं अपने उद्देश्य के प्रति पूर्ण रूप से समर्पित हूँ। मेरा अस्तित्व, कार्य और उद्देश्य अब एक ही हैं।

(कहता हुआ वह दीवार पर लगी अपनी माँ की तस्वीर के सामने जा खड़ा होता है। कुछ क्षण सन्नाटा रहता है।)

आदित्य : **(टटोलते हुए)** वशिष्ठ, क्या तुम्हें कभी छाया की याद नहीं आती?

डॉक्टर : **(अचानक क्रोध से फूट पड़ता है।)** छाया मर चुकी है, आदित्य! मैं उसका नाम भी नहीं सुनना चाहता।

आदित्य : अरे, तो इसमें नाराज़ होने की क्या बात है? मैंने तो यों ही पूछा।

(डॉक्टर स्वयं अपने चिल्ला पड़ने पर आश्चर्य चकित है। वह किंकर्तव्यविमूढ़-सा अपनी कुर्सी पर बैठ जाता है, तभी डॉक्टर रवीश का बाहर से प्रवेश।)

रवीश : **(आदित्य से)** माफ़ कीजियेगा, बस एक मिनट। **(डॉक्टर से)** अभयमल के केस के बारे में आपसे कुछ ज़रूरी बातें करनी थी। उसके घर वाले बड़ी देर से बैठे हैं।

डॉक्टर : **(अपने को सम्भाल कर)** क्या है?

रवीश : अभयमल की उम्र 45 साल की होगी। वह अपनी स्त्री से बेहद प्यार करता था किन्तु वह किसी दूसरे के साथ भाग गयी। अभयमल का ख़्याल है कि वह बहुत नेक और अच्छी है और उससे बेहद प्यार करती है। इसलिए वह उसे भूल नहीं पाता। और इसी कारण उसका दिमाग़ ख़राब हो गया है।

डॉक्टर : कैसी है वह औरत?

रवीश : उसके घरवालों से पता लगा कि वह बहुत मामूली क़िस्म की औरत है।

डॉक्टर : वह भरती करना चाहते हैं?

रवीश : हाँ।

डॉक्टर : उसे भरती कर लो और उसे बताओ कि उसकी पत्नी वैसी नहीं है जैसी वह समझता है। वह भाग गयी है, उसे छोड़कर। उसके दिमाग़ में उस औरत के लिए नफ़रत भरो!

रवीश : **(आश्चर्य से)** नफ़रत!

डॉक्टर : हाँ नफ़रत! जब वह अपनी पत्नी से नफ़रत करेगा तो उसके मोह से विमुख हो जायेगा। तब उसे उसके भागने का दुख नहीं रहेगा। उसके दिमाग़ का बोझ कम हो जायेगा और वह साधारण जीवन व्यतीत कर सकेगा।

डॉक्टर : खड़े-खड़े क्या देख रहे हो, जाओ!

(रवीश का बाहर प्रस्थान)

आदित्य : अभी तो तुम मुझे प्रेम का पाठ पढ़ा रहे थे, अभी ही नफ़रत करने की सीख देने लगे।

डॉक्टर : आदित्य, मैं जानता हूँ कि मुझे अपने "पेशेन्ट्स" के साथ क्या करना चाहिए। मेरी रिसर्च एक नई दिशा में मुझे ले जा रही है। नेचुरल 'इमोशन्स', जैसे प्यार, नफ़रत, क्रोध हिंसा, वितृष्णा का भी आदमी की ज़िन्दगी में बहुत महत्वपूर्ण स्थान है। ये कुदरत के दिए 'सेफ़्टी वाल्व' हैं, जिनके सहारे मनुष्य अपने को संतुलित करता है। तुम इसे समझ नहीं पाओगे।

आदित्य : तुम्हारा व्यक्तिगत जीवन भी तो कुछ ऐसा ही है, क्या तुम भी...

डॉक्टर : **(कटु दृढ़ता से)** मैं साधारण पेशेन्ट नहीं, मैं डॉक्टर हूँ। मैं मानसिक ग्रन्थियों और प्रक्रियाओं से परिचित हूँ... इसलिए मैं क्षमा कर सकता हूँ, किन्तु साधारण व्यक्ति नहीं।

आदित्य : क्या डॉक्टर साधारण मनुष्यों की तरह मानसिक ग्रन्थियों और आवेगों का शिकार नहीं हो सकता?

डॉक्टर : नहीं। मैं छाया को अपनी माँ की बीमारी में दवायें देने के लिए दे गया था, उसने माँ को वह दवायें नहीं दीं, माँ मर गई। मैंने छाया से कुछ नहीं कहा। मैं छाया को अपनी माँ की मृत्यु का कारण ठहरा सकता था, किन्तु मैंने उससे कुछ भी नहीं कहा।

आदित्य : किन्तु मन में तो वही दोषी थी।

डॉक्टर : मैंने उसे क्षमा कर दिया। वह देवेन्द्र के साथ बम्बई

भाग गयी। मैंने इस पर भी क्षमा कर दिया। आदमी ऐसे आघात से या तो केवल नफ़रत करके अपनापा समाप्त कर सकता है या केवल क्षमा कर सकता है। मैंने उसे क्षमा न कर दिया होता तो मेरी भी वही हालत होती जो अभयमल की है। मैं आज पागल होता।

आदित्य : हूँ!

डॉक्टर : और अब तो उसकी मृत्यु हुए भी दस साल हो गये।

आदित्य : क्या इसीलिए तुमने उसे क्षमा कर दिया, क्योंकि वह मर गयी।

डॉक्टर : यदि वह जीवित भी होती तब भी मैं क्षमा कर देता।

आदित्य : मान लो यदि वह जीवित हो?

डॉक्टर : क्या?

आदित्य : यदि वह जीवित तुम्हारे सामने आ जाए?

डॉक्टर : आदित्य, अभी साइंस ने इतनी प्रगति नहीं की कि वह मृत्यु के दस वर्ष बाद किसी को जीवित कर दे।

आदित्य : मान लो।

डॉक्टर : **(अवहेलना से)** मुझे और भी काम करने हैं आदित्य...! **(किताब खोलता है)**

आदित्य : **(उठकर)** अच्छा, मैं चलूँ।

डॉक्टर : अरे, थोड़ी देर बैठो!

आदित्य : नहीं मैं चलूँगा। शाम को आऊँगा।

डॉक्टर : हाँ, शाम को ठीक रहेगा। तब मुझे काम कम रहता है। रात को खाना मेरे साथ ही खाना!

आदित्य : अच्छी बात है। **(बाहर प्रस्थान)**

(आदित्य को पहुँचाकर डॉक्टर आरामकुर्सी पर लेट जाता है तभी मनोहर का प्रवेश)

मनोहर : छोटे डॉक्टर साहब कहिन हैं कि आपका मरीज़ देखे जाना है। ड्राइवर से मोटर लाने को कह दें?

डॉक्टर : **(घड़ी देखकर)** बीस मिनट बाद मोटर ले आना। ड्राइवर से कह दो। **(मनोहर जाता है। डॉक्टर जम्हाई लेता है और फिर सो जाता है और सपना* देखता है।)**

---

*मंच के ऊपर स्वप्न-प्रस्तुत करने की विधि के लिए परिशिष्ट देखिए।

(एक टेढ़ा घुमावदार पेड़ का तना जिसमें सिगार उगे हैं। उसी से टिकी खड़ी है छाया।)

डॉक्टर : छाया तुम तो मर गयी थीं?

छाया : हाँ, लेकिन अब ज़िन्दा हो गयी।

डॉक्टर : क्यों?

छाया : तुमसे मिलने।

डॉक्टर : क्यों?

छाया : **(हँसती है)** क्योंकि तुम मुझसे प्रेम करते हो।

डॉक्टर : नहीं, अब मैं किसी से न प्रेम करता हूँ, और न घृणा।

छाया : तुम मुझसे प्रेम करते हो। **(हँसती है)**

डॉक्टर : नहीं...मैं तुमसे प्रेम नहीं करता। **(छाया हँसती है)** नहीं, मैं तुमसे प्रेम नहीं करता।

छाया : तो घृणा करते हो। एक ही बात है। **(हँसती है)**

डॉक्टर : नहीं...नहीं...नहीं...

(छाया के स्थान पर पूनम प्रकट होती है)

डॉक्टर : **(आश्चर्य से)** पूनम तुम!

पूनम : डॉक्टर मैं तुमसे प्रेम करती हूँ।

डॉक्टर : पूनम! **(पूनम विलीन हो जाती है, वहाँ छाया का चित्र आ जाता है)**

छाया : मैं छाया हूँ, पूनम नहीं-

(हँसती है। हँसी में रोने की आवाज भर छाया पूनम में परिवर्तित हो जाती है।)

पूनम : **(रोते हुए)** डॉक्टर मेरे हाथ में भिन्डी निकल आई।

(एक कैंची भिन्डी काटती है, पूनम चीखती है, पूनम के स्थान पर हँसती हुई छाया सिगार पीती है।)

पूनम सिगार पी रही है।

छाया सिगार पी रही है।

दर्जनों लड़कियां सिगार पीती हैं। **(हँसी)**

डॉक्टर : **(चीखकर)** मुझे सिगार से नफ़रत है। मुझे सिगार से नफ़रत है। (**उठ बैठता है। सपना समाप्त हो जाता है।)**

रवीश : **(प्रवेश करके)** डॉक्टर साहब, डॉक्टर साहब।

डॉक्टर : **(जग कर)** ओह, शायद मैं सपना देख रहा था। सपना देख रहा था। नोट करो रवीश...धुँधला प्रकाश, एक घुमावदार टेढ़ा पेड़ का तना...सिंगार ...सिगार...और वह भी तो थी...वह भी थी...उसे मैंने देखा...कहती थी मैं ज़िन्दा हूँ।

रवीश : कौन? कौन ज़िन्दा है?

डॉक्टर : **(रवीश की ओर गौर से देखता है।)** कोई नहीं...कोई नहीं।

(मनोहर का बाहर से प्रवेश)

मनोहर : साहब मोटर आ गई।

(डॉक्टर रवीश के हाथ से वह कागज़ लेकर फाड़ देता है, जिस पर वह उसका सपना नोट कर रहा था और चलने के लिए तैयार होता है।)

डॉक्टर : रवीश, मैं माल एवेन्यू पेशेन्ट देखने जा रहा हूँ...मनोहर मेरा बैग कार में रख दो!

(बैग लिये मनोहर और उसके पीछे डॉक्टर बाहर जाते हैं। रवीश अकेला रह जाता है। थोड़ी देर बाद मनोहर दो तार लेकर बाहर से प्रवेश करता है।)

मनोहर : डाकिया ई दो तार दय गया है।

(रवीश मनोहर के हाथ से तार लेकर, रसीद पर दस्तख़त करता है। मनोहर रसीद लेकर डाकिया को देने बाहर जाता है। रवीश एक लिफ़ाफ़ा फाड़कर तार पढ़ता है।)

रवीश : **(खुशी से पुकार कर)** मनोहर, अरे सुना तुमने, भारत सरकार ने डॉ. वशिष्ठ को पद्मश्री की उपाधि दी है।

(फिर दूसरा तार खोलकर पढ़ता है, उसे पढ़कर वह सिर पर हाथ रखकर बैठ जाता है)

बाप रे बाप, भगवान जब देता है तो छप्पर फाड़ कर देता है। यूनेस्को का साइकेट्री में सबसे बड़ा इनाम-एक लाख डालर...दोहरी उपाधि, दोहरा सम्मान।

(यवनिका)

तृतीय अंक

(डॉ. वशिष्ठ की वही क्लिनिक जो द्वितीय अंक में है। द्वितीय और तृतीय अंक में लगभग एक घंटे का अन्तराल है।

पर्दा खुलने पर डॉ. रवीश सोफ़े पर बैठा किताब पढ़ता दिखाई देता है। पास ही ज़मीन पर मनोहर विचारमग्न सा बैठा है।)

मनोहर : हम समुझिन नहीं छोटे डॉक्टर, बड़े डॉक्टर साहब बिआह करिहें?

रवीश : ब्याह! कैसी बातें करते हो!

मनोहर : बियाह नहीं, तौन आउर का? इस पद्‌मिनी से काव मतलब? ...मुला यहि उमर में, **(स्वयं ही)** उँह, कवन उनकी उमर जादा है, जादा से जादा अड़तीस-उन्तालिस साल, मरद तो साठा पे भी पाठा।

रवीश : अरे पद्‌मिनी नहीं, पद्‌मश्री।

मनोहर : पदमसिरी, ई कउन है? संखिनी, डंकिनी, हस्तिनी, और पदमिनी सुना रहे,...ई कौनो पदमिनी की बहिन है, पदमसिरी, जाके साथ-साथ पचास लाख रुपया दहेज भी मिलिहें।

रवीश : **(हँसकर)** अरे पद्‌मश्री औरत नहीं है।

मनोहर : औरत नहीं हय, तब डॉक्टर साहब को कौन-सी चीज आज मिल गयी है जा के लिए इत्ता हो-हल्ला है।

रवीश : क्या औरत के मिलने पर ही हो-हल्ला होता है। पद्‌मश्री औरत नहीं है, यह ''टाइटिल'' है।

मनोहर : देखो छोटे डॉक्टर, ई अरबी-फारसी छोड़ि के सूधी भाषा

माय बतायओ!

रवीश : अब सीधी भाषा में क्या बताऊँ। यो समझो, हमारे डॉक्टर साहब बहुत काबिल हैं...

मनोहर : **(बात काटते हुए)** का बात हय! साच्छात अस्वन कुमार हय। बड़े-बड़े पागलन को अस ठीक करते हैं कि काव बतायें।

रवीश : और उनका नाम भी मशहूर है?

मनोहर : सो तो हई। चारों दिशाओं में बस उनका नाम बाजत है। कौनो से पूछ लेहौ बड़े-बड़े लाट कमंडल का अस्पताल की डयोढ़ी पर जुहार करते हैं।

रवीश : तो बस इसी बात पर सरकार ने उनकी इज्जत करने के लिए उन्हें यह उपाधि यानी इज्जत वाला नाम दिया है।

मनोहर : **(एक दम खुश होकर)** हम समुझ गये, ई पदमिनी-पदमसिरी काव हय? आप साफ़ काहे नाहीं कहिते कि सरकार डॉक्टर साहब कव खानबहादुर बनाये दिहिन हय।

रवीश : खान बहादुर?

मनोहर : हम सब समुझते हनं। हम खान बहादुर हिमाकत अली के पूरे दस साल चपरसी रहे।

रवीश : हाँ, हाँ, कुछ ऐसा ही, लेकिन खानबहादुर नहीं, पद्मश्री। पहले अंगरेज सरकार थी तो खानबहादुर और रायबहादुर की उपाधि दी जाती थी। अब देश आजाद है तो पद्मश्री की उपाधि दी जाती है।

(टेलीफ़ोन की घंटी बजती है)

रवीश : **(टेलीफ़ोन पर)** दिस इज़ 3551। जी! डॉक्टर साहब किसी पेशेन्ट को देखने गये हैं। (टेलीफ़ोन रखकर मनोहर से) गवर्नर का फ़ोन था, शायद वह डॉक्टर साहब को बधाई देना चाहते होंगे।

(टेलीफ़ोन की घंटी)

रवीश : **(टेलीफ़ोन पर)** हलो जी? डॉक्टर वशिष्ठ "विजिट" पर गये हैं। आते ही होंगे। क्या मैं आपका शुभ नाम जान

सकता हूँ...शर्मा जी...मेयर ...ज़रूर...ज़रूर। मैं आपकी ओर से अवश्य बधाई दे दूँगा, जी अच्छा। रेडियो में ख़बर आ गयी? **(गदगद स्वर में)** जी...जी...जी... अच्छा, नमस्कार। **(टेलीफ़ोन रखकर मनोहर से)** यह मेयर का टेलीफ़ोन था। कह रहे थे कि डॉक्टर साहब की वजह से सारे नगर का सम्मान हुआ है। वह हमारे नगर के ही नहीं, वरन् पूरे देश की महान सम्पदा हैं।

(टेलीफ़ोन की घंटी)

रवीश : जी हाँ साहब, जी हाँ, ख़बर एकदम सच है **(नाराज़ होकर)** बार-बार क्या पूछ रहे हैं, एक बार कह तो दिया कि ख़बर सच है। **(टेलीफ़ोन झटके से रखकर)** ये अख़बार वाले तो दिमाग़ चाटने लगते हैं।

(डॉक्टर का बाहर से प्रवेश)

रवीश : ओह, डॉक्टर साहब! **(तपाक से आगे बढ़कर हाथ मिलाते हुए)** कांग्रेचुलेशन्स! आई एम फ़र्स्ट टू कोंग्रेचुलेट यू।

डॉक्टर : क्यों क्या हुआ?

मनोहर : **(बीच ही में)** चिट्ठी आई है ...तुम्हें पदामिनी मिली गई है।

डॉक्टर : पदमिनी।

रवीश : पद्मश्री। भारत सरकार ने आपको पद्मश्री की उपाधि दी है। लेकिन यह तो कुछ नहीं, यूनेस्को से मनोचिकित्सा में मौलिक अन्वेषण और प्रयोग के लिए आपको एक लाख डालर का सिग़मंड फ़्रायड पुरस्कार प्राप्त हुआ है। यह देखिये तार! **(तार देता है)**

डॉक्टर : **(तार पढ़ता है और एक प्रसन्नता की लहर उसके मुख पर दौड़ जाती है)** थैंक्यू रवीश। यस, यू आर फ़र्स्ट टू कॉग्रेचुलेट मी।

रवीश : अभी गर्वनर के यहाँ से टेलीफ़ोन आया था। कॉरपोरेशन के मेयर शर्मा जी ने भी आपको बधाई देने के लिए टेलीफ़ोन किया था। अख़बार वाले भी आपको पूछ रहे थे। शर्मा जी कह रहे थे कि आप पर सारे नगर को नाज़ है। आप केवल अपने नगर की ही नहीं, अपितु

सारे देश की...(**अचानक वह डॉक्टर को देखकर चुप हो जाता है। डॉ. उसकी कोई बात नहीं सुन रहा था, अपितु धीरे-धीरे अपनी माँ की फोटो की ओर बढ़ रहा है। डॉक्टर माँ की फोटो के आगे सिर झुकाकर घुटनों के बल बैठ जाता है। कुछ क्षणों का मौन। रवीश और मनोहर भी उस क्षण की पवित्र पावन करूणा से अभिभूत हो जाते हैं। कुछ क्षण पश्चात जब डॉक्टर उठता है, तब उसकी आँखें आँसुओं से भरी हैं। वह जेब से रूमाल निकालता है।**)

डॉक्टर : (**आँसू पोंछकर**) अगर आज माँ जीवित होती तो कितनी प्रसन्न होती। (**वह तार रवीश को देकर अन्दर चला जाता है। टेलीफ़ोन की घंटी बजती है।**)

रवीश : (**टेलीफ़ोन पर**) हलो, मैं असिस्टेन्ट डॉक्टर रवीश बोल रहा हूँ...आपने? ओह, आप हैं शर्मा जी, जी हाँ, डॉक्टर साहब आ गये, मैं बुलाये देता हूँ। (**मनोहर से**) देखो, मनोहर, डॉक्टर साहब से कह दो कि शर्मा जी...मेयर साहब का टेलीफ़ोन है। वह आपसे बातें करना चाहते हैं। (**मनोहर डॉक्टर वशिष्ठ को बुलाने अन्दर जाता है।**)

रवीश : (**टेलीफ़ोन पर**) जी शर्मा जी, मैंने डॉक्टर साहब को बुलवाया है। वह बस अभी आते हैं, एक मिनट में...यह लीजिए आ गये। (**डॉक्टर को टेलीफ़ोन देता है।**)

डॉक्टर : नमस्कार शर्मा जी, बहुत-बहुत धन्यवाद। यह सब आप ही लोगों की शुभेच्छाओं का फल है। (**विनम्रता से**) मैं क्या कहूँ...मैं तो केवल कर्तव्य करना जानता हूँ...जी...जी...अरे नहीं साहब, इसकी क्या ज़रूरत है, अरे नहीं-नहीं जी...सिटी काउंसिल ने तय किया है कि पुलिस बैंड के साथ...अरे नहीं शर्मा जी, मुझे बड़ा अजीब लगेगा, ठहरिये ज़रा... (**रवीश से**) शर्मा जी कह रहे हैं कि कॉरपोरेशन ने मेरा स्वागत करने का निश्चय किया है।

रवीश : यह तो कॉरपोरेशन को करना ही चाहिए। यह कोई मामूली बात नहीं है!

डॉक्टर : **(घबराया-सा)** अरे यही नहीं, कारपोरेशन के सब सदस्य, विभिन्न सांस्कृतिक संस्थाओं, चिकित्सालयों के प्रतिनिधि तथा शहर भर के डॉक्टर इत्यादि जुलूस बनाकर यहाँ आयेंगे...

रवीश : यह तो बहुत अच्छा है।

डॉक्टर : **(बेहद घबराहट के साथ)** पुलिस का बैंड होगा। मेरे गले में माला डालेंगे...कहते हैं घन्टे-दो घन्टे में घर तक पहुँच जायेंगे...

रवीश : लाइये मुझे दीजिए। **(डॉक्टर टेलीफ़ोन रवीश को दे देता है)** हलो, मैं असिस्टेन्ट डॉक्टर रवीश बोला रहा हूँ। देखिए शर्मा जी, डॉक्टर साहब बेचारे तो आपकी बात सुनकर एकदम घबरा गये। वे बेचारे तो बहुत ही सीधे-सादे हैं। शोर-शराबे से दूर भागने वाले। उन्हें तो मान-सम्मान की कोई चिन्ता नहीं। वह तो साधु हैं, साधु। दिन-रात किसी महान तपस्वी की भांति अपनी साधना में रत रहते हैं, जैसे यह तपस्या ही उनका जीवन हो। वह तो दधीचि के समान हैं, जो कि दूसरे के हित के लिए अपना शरीर, अपने प्राण तक त्याग सकते हैं। फिर उनके लिए यह बैन्ड बाजे क्या? फिर भी हमारा कुछ कर्तव्य तो है ही ऐसी महान आत्मा के लिये। यह आपने बहुत अच्छा किया। भारत सरकार ने तो उन्हें केवल पद्श्री दी। महान पुरुषों का मूल्य उनके निकट के लोग नहीं जानते। वास्तविक सम्मान तो उनका यूनेस्को ने किया है। अब वह सम्पूर्ण विश्व में प्रसिद्ध हैं। यह हमारे नगर का बहुत बड़ा सम्मान है। आप अवश्य जुलूस लाएं। हम सब मिलकर इस महान विभूति के चरणों में अपनी भक्ति की अंजलि चढ़ाएंगे। अच्छा, अच्छा नमस्कार!

डॉक्टर : **(कुछ अनिश्चित-सा, चौंधियाया-सा)** तो वे लोग आ रहे हैं?

रवीश : हाँ, हम लोगों के पास बिलकुल समय नहीं है। **(मनोहर से)** देखो, डॉक्टर साहब के सम्मान के लिए बड़े-बड़े लोग जुलूस लेकर आ रहे हैं।

मनोहर : हाय, सच! हम जानित रहें, डॉक्टर साहब दुनिया भर में मसहूर हैं।

रवीश : देखो, जल्दी से कमरे को सजा दो। किताबें और चीज़ें तरतीब से रख दो। फूलदान के फूल बदल दो। कमरे के परदे बदल दो। और देखो कुर्सियों और सोफ़े पर नये कवर लगा दो।

मनोहर : बस अबे होय जात है।

(मनोहर अन्दर जाता है; रवीश कुछ व्यस्त-सा घूमता है।)

डॉक्टर : यह सब तो ठीक है लेकिन...मुझे क्या करना पड़ेगा?

रवीश : आपको कुछ नहीं करना पड़ेगा। पुलिस के बैन्ड के पीछे कारों का एक जुलूस होगा, जो शहर की ख़ास-ख़ास सड़कों से होता हुआ यहाँ पहुँचेगा। उसमें नगर के समस्त प्रमुख व्यक्ति सम्मिलित होंगे।

डॉक्टर : फिर?

रवीश : वे सब यहाँ कमरे में आयेंगे।

डॉक्टर : मैं क्या करूँगा?

रवीश : आप यहाँ बैठे होंगे। वे आपको माला पहनायेंगे। मानपत्र भेंट करेंगे। फिर विभिन्न संस्थाओं के प्रतिनिधि आपको अपनी श्रद्धांजलि चढ़ायेंगे।

डॉक्टर : उसके बाद मुझे उन्हें धन्यवाद देना होगा?

रवीश : बेशक।

डॉक्टर : मैं क्या कहूँगा?

रवीश : आप जो उचित समझें..., न हो तो आप अपना 'स्टेटमेंट' अभी ही मुझे डिक्टेट कर दें। मैं उसकी टाइप्ड कापियाँ पहले से ही निकलवा दूँगा। नागरिक सम्मान के पश्चात् उसको अख़बारों में भिजवा दूँगा।

डॉक्टर : **(सोचकर)** हाँ, यही ठीक रहेगा। अच्छा मैं बोलता हूँ, तुम लिख लो। **(रवीश कागज़ पैन्सिल लेकर बैठ जाता है, डॉक्टर कमरे में घूमते हुए बोलता है।)** आप लोगों ने मुझे जो सम्मान दिया है मैं उसके सर्वथा अयोग्य हूँ। यह आपकी ही महानता है...

(टेलीफ़ोन की घन्टी)

रवीश : **(टेलीफ़ोन पर)** यस दिस इज मेंटल क्लिनिक। जी...जी ...हाँ हैं। जी अच्छा, मैं पूछकर बताता हूँ। **(डॉक्टर से)** रोटरी क्लब के प्रेसीडेन्ट मिस्टर बैनर्जी का टेलीफ़ोन है। कह रहे हैं कि रोटरी क्लब आपकी विलक्षण सेवाओं और सम्मान के लिए आपको फ़ैलीसिटेट करना चाहता है।

डॉक्टर : भाई, यह सब तो झंझट है।

रवीश : वाह, इसमें झंझट की क्या बात है? वह पूछ रहे हैं कि कल शाम पाँच बजे आपको "सूट" करेगा?

डॉक्टर : जो जवाब चाहो, दे दो! मेरा तो कल कोई "इंगेजमेंट" नहीं है।

रवीश : ठीक है। **(टेलीफ़ोन पर)** डॉक्टर साहब आपको बहुत-बहुत धन्यवाद देते हैं। लेकिन बात यह है मि. बनर्जी, डॉक्टर साहब इन सभाओं और जुलूसों से बेहद घबराते हैं। इट इज बट नेचुरल। इंटेलेक्चुअल हैं, साइन्टिस्ट हैं, उन्हें इन सबके लिये फ़ुर्सत ही कहाँ। जी? जी? **(हँसकर)** अच्छा, अच्छा साहब, घबराइए नहीं। मैं आपकी ख़ातिर उन्हें पहले ही मनवा चुका हूँ। बड़ी मुश्किल से राज़ी हुए हैं। कल पाँच बजे वह जा सकेंगे। जी, जी हाँ, आप मोटर भेज दीजिएगा। **(टेलीफ़ोन रखकर, डॉक्टर से)** अभी तो देखिए सर, कितने लोग आते हैं और कितनी तरह के लोग आते हैं।

डॉक्टर : हाँ, तो लिखो, मैंने क्या बोला था?

रवीश : **(पढ़ते हुए)** आप लोगों ने मुझे जो सम्मान दिया है, मैं उसके सर्वथा अयोग्य हूँ। यह आपकी महानता है कि...

(बाहर के बाग से तोड़े फूलों के साथ मनोहर तीन तार ले कर आता है।)

मनोहर : ई तार आवा है।

डॉक्टर : **(परिहास और आश्चर्य से)** तार?

रवीश : **(दस्तख़त करते हुए)** यह तो कुछ भी नहीं है। **(तार खोलकर)** यह तार, डाइरेक्टर इंडियन मेडिकल हेल्थ का है। दिल्ली से आया है, यह मंत्री साइंटिफिक रिसर्च

एण्ड कल्चरल अफ़ेयर्स का है। यह बिना नाम का कौन हो सकता है?

डॉक्टर : पता नहीं, कभी बिना नाम का यह व्यक्ति ग्रीटिंग कार्ड भेजता है, तो कभी नये वर्ष पर कार्ड और आज यह बधाई का तार।

रवीश : कोई आपका ''पेशेन्ट'' रहा होगा, अब आपके उपकारों का बदला देना चाहता है। कितनों को जीवन दिया है आपने।

डॉक्टर : **(कुछ देर सोचता है, फिर अपने विचारों को झटककर जैसे उठ खड़ा होता है।)** इन्हें बाद में देखना। आगे लिखो, आप लोगों ने मुझे जो सम्मान दिया है, उसके मैं सर्वथा अयोग्य हूँ। इस संसार में बहुत दुख हैं। मशीन युग की गति और तीव्रता में मानव-मूल्य विघटित होते जा रहे हैं, इसमें मनुष्य अपनी स्थिति पहचान नहीं पा रहा है। सैंकड़ों इस अन्धी दौड़ में अपना मानसिक संतुलन खो बैठते हैं। विश्वव्यापी घृणा और प्रतिद्वन्दिता उनके जीवन को विकृत कर रही है, किन्तु जीवन घृणा और प्रतिद्वन्तिा से नहीं, केवल प्रेम से जिया जा सकता है। यदि मेरे तुच्छ प्रयत्न, इन असन्तुलित मानवों के जीवन में स्थिरता, आशा और शान्ति ला सकें, यदि घृणा प्रेम में परिवर्तित हो सके तो मैं समझूँगा कि मेरा जीवन सफल हो गया। यह सम्मान और अगाध स्नेह मेरे लिए नहीं अपितु उन आदर्शों के लिए है जो संसार में प्रेम और क्षमा के आलोक से हताश, विकृत और असन्तुलित व्यक्तियों के अंधकारमय जीवन को प्रकाशित करना चाहते हैं, तथा जिनके लिए मैंने अपना जीवन होम कर दिया है। ऐसा समझकर मैं ये सम्मान अति कृतज्ञतापूर्वक स्वीकार करता हूँ तथा आपको धन्यवाद देता हूँ।

(डॉक्टर तार उठाकर पढ़ता हुआ अन्दर की ओर चलता है)

डॉक्टर : इन तारों का जवाब देना है, रवीश याद रखना!

रवीश : जी हाँ।

(**डॉक्टर का भीतर प्रस्थान**)

रवीश : (**मनोहर से**) कुर्सियों के कवर मत बदलना, नहीं तो लगेगा कि ख़ास तौर से हम लोगों ने तैयारी की है। इसे ऐसा रहने दो कि देखने में नेचुरल भी लगे और ख़ूबसूरत भी...

(**कैमरा लिए एक पत्रकार मि. प्रधान का बाहर से प्रवेश**)

प्रधान : (**रवीश का हाथ अचानक पकड़कर हिलाते हुए**) बधाई, बधाई!

रवीश : (**भौचक्का-सा**) जी!

प्रधान : (**कैमरा तानकर**) बस एक मिनट, मुस्कुराइए, मुस्कुराइए! डॉक्टर वशिष्ठ स्माइल!

रवीश : मैं डॉक्टर वशिष्ठ नहीं हूँ।

प्रधान : (**नाराज़गी से कैमरा समेटते हुए**) तो आप कौन हैं?

रवीश : मैं उनका असिस्टेन्ट डॉक्टर हूँ। लोग मुझे रवीश कहते हैं।

प्रधान : (**उत्साह से रवीश का हाथ झकझोरकर**) बड़ी ख़ुशी हुई आप से मिलकर, डॉक्टर रवीश।

रवीश : (**अपना हाथ समेटते हुए**) मुझे भी, मुझे भी मिस्टर...? मिस्टर...?

प्रधान : मिस्टर प्रधान, चीफ करस्पॉन्डेंट आफ़ न्यूडील। (**दरबारी ढंग से सिर झुकाता है।**)

रवीश : ओह, यस, मिस्टर प्रधान, कहिए मैं आपकी क्या सेवा कर सकता हूँ।

प्रधान : आप ही तो मेरी सहायता कर सकते हैं। देखिए, अभी तक तो कोई करस्पॉन्डेन्ट यहाँ नहीं आया?

रवीश : जी नहीं।

प्रधान : तो सुनिए, अभी और लोग आएँगे ही, लेकिन आप मुझे डाक्टर साहब के बारे में कुछ ऐसी बातें बताएं कि मेरा 'राइटअप' सबसे अलग हो। (**सिगरेट का डिब्बा बढ़ाते हुए**) लेकिन वादा करें कि आप किसी दूसरे करस्पॉन्डेन्ट को नहीं बतायेंगे।

(**अबला सोंधी का बाहर से प्रवेश**)

अबला : वाह मिस्टर प्रधान। सिगरेट की रिश्वत देकर आप एक्सक्लूसिव स्टोरी के चक्कर में हैं। मगर जनाब हम तो आ ही गये।

प्रधान : **(नारजगी से)** आप आ ही गयीं तो धन्यवाद आपके, करम फूटे हमारे।

अबला : **(रवीश से)** मुझे अबला सोंधी कहते हैं। मैं नेशन की प्रतिनिधि हूँ।

प्रधान : इन्हें कहते हैं न्यूज़ डॉग, न्यूज़ डॉग नहीं न्यूज़ **(कहते कहते रुककर)** जाने दीजिये, सूँघती सूँघती आ पहुँची।

अबला : **(रवीश से)** आपका परिचय?

रवीश : मैं डॉक्टर वशिष्ठ का असिस्टेन्ट डॉक्टर, रवीश।

अबला : आप डॉक्टर साहब के साथ कब से हैं?

(वर्मा और पान्डे नामक पत्र-प्रतिनिधियों का बाहर से प्रवेश)

रवीश : पिछले पाँच साल से।

(सब नोट करते हैं)

अबला : आपकी उनके बारे में क्या राय है?

रवीश : राय? बहुत अच्छी राय है।

अबला : उनका आपके प्रति व्यवहार कैसा है?

रवीश : डॉक्टर वशिष्ठ मनुष्य नहीं देवता हैं। वे मेरे गुरू हैं, किन्तु उनके व्यवहार में मुझे सब कुछ मिल जाता है, पिता का प्यार, भाई का विश्वास, और मित्र का सुख।

पांडे : डॉक्टर साहब को यह कब पता लगा कि उन्हें पद्मश्री, तथा यूनेस्को का एक लाख डालर का पुरस्कार प्राप्त हुआ है।

रवीश : आज, कुछ देर पहले, तार आया था। डॉक्टर वशिष्ठ बाहर गये हुए थे, इसलिए तार मुझे मिला। जब वह लौटकर आये तो मैंने उन्हें बताया।

वर्मा : यह सुनकर डॉक्टर साहब की क्या प्रतिक्रिया हुई? उन्होंने क्या कहा?

रवीश : उन्होंने तार पढ़कर मेरी बधाई के उत्तर में धन्यवाद देते हुए कहा-यस यू आर फ़र्स्ट टु कांग्रेचुलेट मी।

प्रधान : **(लिखते हुए)** हूँ...और फिर?

रवीश : फिर वह गंभीर हो गये। अपनी माँ की तस्वीर के आगे माथा झुकाकर घुटनों के बल बैठ गये। कुछ देर बाद जब वह उठे तो उनकी आँखों में आँसू थे और वह...

प्रधान : आँसू थे...?

वर्मा : हाँ, आँसू थे...

रवीश : वह बोले-अगर आज माँ जीवित होती तो कितनी प्रसन्न होती। **(रुककर)** ऊपर से वैज्ञानिक कितना भी रूखा क्यों न हो, किन्तु उसके अन्दर सदैव मानव जीवित रहता है।

अबला : डॉक्टर साहब के कितने बच्चे हैं?

रवीश : एक भी नहीं, उनकी पत्नी का देहाँत तो दस वर्ष पूर्व ही हो गया। अब उनके जीवन में तो बस यह अस्पताल है और मानसिक रोगी। रोगियों की सेवा में उन्होंने अपना जीवन अर्पित कर दिया है।

अबला : डॉक्टर साहब को खाने में सबसे ज़्यादा क्या पसंद है?

प्रधान : क्या वह कसरत के भी शौक़ीन हैं?

वर्मा : वह जानवर भी पालते हैं-कुत्ता, बिल्ली या तोता?

(डॉक्टर का भीतर से प्रवेश)

रवीश : यह लीजिए, डॉक्टर वशिष्ठ आ गये।

(सब बधाई देते हुए डॉक्टर को घेर लेते हैं)

प्रधान : आई एम प्रधान आफ 'न्यू डील'।

वर्मा : आई एम वर्मा आव 'टार्च बियरर'।

पांडे : आई एम पांडे आव 'युग की आवाज'।

अबला : अबला सोंधी, 'नेशन'। नमस्ते।

(डॉक्टर सबसे हा़थ मिलाता है, अबला सोंधी से नमस्ते करता है। प्रधान फ़ोटो खींचता है।)

वर्मा : आपकी ''एजूकेशन'' कहाँ हुई?

डॉक्टर : मैंने बी.एच.यू. से साइकोलोजी में एम.ए. किया। ऑक्सफोर्ड से डी.फ़िल.। हारवर्ड में मनोचिकित्सा या साकोथिरेपी में विशेष ट्रेनिंग ली। मैं रूस और पूर्वी जर्मनी भी अपने अध्ययन के सिलसिले में, न्यू टेकनीक्स तथा प्रगति देखने गया था।

पांडे : आपके पिता क्या करते थे? क्या वह बहुत बड़े आदमी थे?

डॉक्टर : मेरे पिता बहुत ही साधारण कोटि के आदमी थे। जिस साल मैंने बी.ए. किया था उनका देहान्त हो गया था।

वर्मा : तब आपने पढ़ाई कैसे जारी रखी?

डॉक्टर : मेरी माँ ने अपने सारे ज़ेवर और मकान बेचकर मुझे इस योग्य बनाया कि मैं आज का दिन देख सका। मैं उससे कभी उऋण नहीं हो सकता।

अबला : डॉक्टर वशिष्ठ, अगर आज आपकी पत्नी जीवित होतीं तो वह क्या कहतीं?

(डॉक्टर चुप रहता है)

अबला : आपने बताया नहीं डॉक्टर वशिष्ठ, अगर आज आपकी पत्नी जीवित होतीं, तो क्या कहतीं?

वर्मा : जी हाँ, वह क्या कहतीं?

(छाया का बाहर से प्रवेश। वह देखने में बीमार लगती है। उसकी आँखों के नीचे गहरी काली छाया है। वह साधारण कपड़े पहने है।)

छाया : अगर आज डॉक्टर साहब की पत्नी जीवित होतीं तो वह खुशी से पागल हो जातीं।

अबला : **(आश्चर्य से)** आप कौन हैं?

छाया : मैं डॉक्टर साहब की पत्नी की सहेली हूँ। डॉक्टर साहब को बधाई देने आई हूँ। अगर आज डॉक्टर साहब की पत्नी जीवित होतीं तो वह इतना सुख सह न पातीं। कौन-सी ऐसी पत्नी होगी जो पति के सम्मान में अपना सम्मान समझकर उससे भी अधिक सुखी न हो।

डॉक्टर : लेकिन दस वर्ष पहले उसकी मृत्यु हो गयी।

छाया : हाँ, वह मर गयी। वह इतनी अभागी थी कि इस सुख की साझीदार नहीं बन सकी...हाँ, वह बहुत अभागी थी। **(रो पड़ती है)** वह बहुत अभागी थी।

(सब लोग आश्चर्य से उसकी ओर देखते हैं)

अबला : आप रो क्यों रही हैं? यह तो ख़ुशी का मौक़ा है।

छाया : **(अपने को सम्भालकर)** माफ़ कीजिएगा, आप लोग। इस ख़ुशी के मौक़े पर मुझे डॉक्टर साहब की पत्नी की याद आ गयी।

(आंचल से आँखें ढँक लेती है)

पांडे : तब तो आप डॉक्टर साहब की पत्नी के बारे अवश्य बता सकेंगी?

वर्मा : डॉक्टर साहब की पत्नी का क्या नाम था? बताइये न, क्या नाम था?

छाया : **(सधे शब्दों में)** छाया।

वर्मा : **(नोट करते हुए)** छाया। डॉक्टर साहब क्या आपके पास कोई उनका फ़ोटो है? **(डॉक्टर जब कोई उत्तर नहीं देता तो वह छाया से पूछता है।)** उनका रंग-रूप क्या था?

प्रधान : हाँ, वह देखने में कैसी थीं?

(छाया उत्तर नहीं देती, इसलिए कुछ क्षण का सन्नाटा)

अबला : वह गोरी थीं या साँवली, लम्बी या नाटी, मोटी या पतली?

छाया : वह बिल्कुल मेरे जैसी थीं।

डॉक्टर : मैं नहीं चाहता कि मेरी मृतक पत्नी का ज़िक्र हो। **(वह पत्रकारों से दूर जाकर, कोने में खड़ा हो जाता है। सब पत्रकार आश्चर्य से निगाहों में प्रश्न भरकर उसकी ओर देखते हैं।)**

रवीश : **(स्थिति की गम्भीरता और कौतूहल दूर करने के लिए, पत्रकारों से धीमे स्वर में)** बात यह है कि डॉक्टर साहब अपनी पत्नी से बेहद प्यार करते थे और अब जब कभी भी उनका ज़िक्र आता है, तो वह अपने को सम्भाल नहीं पाते।

छाया : **(जैसे स्वप्न में अपने आप ही)** हाँ, वह अपनी पत्नी को बेहद प्यार करते थे...बेहद प्यार करते थे।

(डॉक्टर असंतुलित अशान्त-सा भीतर चला जाता है। रवीश किंकर्तव्य विमूढ़ सा जाते डॉक्टर वशिष्ठ को देखता है, फिर पत्रकारों की ओर देखता है और अन्त में डॉक्टर के पीछे वह भी घर के भीतर चला जाता है।)

पांडे : यह तो बताइए कि डॉक्टर साहब की पत्नी की मृत्यु किस रोग से हुई?

छाया : उसे तैरने का बहुत शौक़ था, वह ज़िन्दगी को एक नदी समझती थी लेकिन वह बहुत नासमझ थी। उसे नहीं मालूम था कि नदी में भँवर भी होती है। वह एक बार एक ऐसी ही भँवर में फँस गयी, फिर ऐसी डूबी कि उसका पता ही नहीं लगा। **(सिसकियों में)** सच, वह बहुत अभागी थी।

(सब पत्रकार छाया की ओर देखते हैं। उनकी समझ में नहीं आता कि वह क्या करें। तभी भीतर से रवीश का प्रवेश)

रवीश : डॉक्टर साहब आप लोगों से निवेदन कर रहे हैं कि इस समय आप लोग जाने का कष्ट करें। वह आपसे कल मिल सकेंगे, लेकिन इस समय आप लोग जाएँ। उनकी तबियत ठीक नहीं है।

वर्मा : **(अनिच्छा और आश्चर्य से कंधा सिकोड़कर)** बहुत अच्छा।

प्रधान : गुड बाई डॉ. रवीश!

रवीश : गुड बाई।

(पत्रकारों का बाहर प्रस्थान)

रवीश : **(छाया से)** आप ठीक से बैठ जाइए। आप डॉक्टर साहब की पत्नी की सखी हैं...आप काफ़ी पीजिएगा या चाय।

(छाया उत्तर नहीं देती, वह जड़ बनी रहती है। तभी डॉक्टर का भीतर से प्रवेश)

डॉक्टर : रवीश, तुम जाकर पेशन्ट नं. सेवन को ऑब्ज़र्व करो,

मैं ज़रा इनसे बातें करूँगा।

रवीश : जी अच्छा। **(बाहर प्रस्थान)**

डॉक्टर : **(छाया से)** तो तुम जीवित हो?

छाया : तुम स्वयं ही देख रहे हो।

डॉक्टर : देवेन्द्र कहाँ है?

छाया : मुझे नहीं मालूम।

डॉक्टर : तुम उससे आख़िरी बार कब मिली थीं?

छाया : क़रीब नौ साल पहले, जब मैं बम्बई से बंगलौर चली गयी थी।

डॉक्टर : तुम उससे अलग क्यों हो गयीं?

छाया : झगड़ा हो गया था।

डॉक्टर : ओह! **(कुछ देर चुपचाप कमरे में टहलता है)** मगर यह कैसे मशहूर हो गया कि तुम मर गयीं?

छाया : मैंने स्वयं मशहूर करवा दिया था।

डॉक्टर : क्यों?

छाया : शर्म छिपाने के लिए।

(डॉक्टर सिगरेट निकालकर पीता है और कमरे में इधर से उधर घूमता है।)

डॉक्टर : यहाँ क्यों आयी हो?

छाया : **(पीड़ा से)** तुमसे मिलने, तुम्हारे पास।

डॉक्टर : **(क्रोध से)** हूँ। **(सिगरेट के कश जोर से खींचता है)**

छाया : तुम सिगरेट पहले तो नहीं पीते थे?

(डॉक्टर उत्तर नहीं देता)

छाया : मैं तुम्हें बधाई देना चाहती हूँ। तुम आज सफल हो। चारों ओर तुम्हारा नाम है...मैं इस कीर्ति में तुम्हारी साझीदार तो नहीं बन सकी किन्तु फिर भी देखने चली आई। **(रुँधे गले से)** दूर से ही, पराई बनकर ही सही।

(डॉक्टर कुछ जवाब नहीं देता। सिगरेट फेंक दूसरी मुँह से लगा लेता है।)

छाया : क्या मेरा अचानक जीवित हो जाना तुम्हें अच्छा नहीं लगा! चुप क्यों हो?

डॉक्टर : छाया, तुम सचमुच मर गयी थीं या तुमने झूठ ही मशहूर

करवा दिया था और आज अचानक जीवित हो गयी हो, इस सबसे मुझे कोई मतलब नहीं है।

छाया : क्या तुम मुझसे बेहद नफ़रत करते हो?

डॉक्टर : मैं प्यार और नफ़रत से ऊपर हूँ। तुम जो थीं, वह मेरे लिए उसी दिन मर गयीं जिस दिन तुम देवेन्द्र के साथ घर से भागी थीं। वह तुम अब कभी भी जीवित नहीं हो सकतीं...वह तुम जो इस समय हो उससे मेरा कोई सम्बन्ध नहीं।

छाया : यह सच है कि जो मैं थी वह अब नहीं हूँ। लेकिन जो मैं थी उसी का सहारा लेकर मैं आज तुम्हारे पास आयी हूँ।

डॉक्टर : जो था और जो अब है, उसमें कोई सम्बन्ध नहीं। दोनों बिलकुल दूसरी और जुदा चीज़ें हैं...मुझी को लो, जो मैं पहले था अब नहीं हूँ। पहले मैं सिगरेट नहीं पीता था, अब सिगरेट पीता हूँ।

छाया : सिगरेट पीने और न पीने से तो आदमी बदलता नहीं। तुम वही हो और **(याचना के स्वर में)** मैं तुम्हारे पास आयी हूँ।

डॉक्टर : मैं नहीं समझता कि मुझसे तुम्हें कुछ काम हो सकता है?

छाया : **(उठकर)** है काम, तुम्हीं से काम है मुझे। **(भावुकता से)** तुमसे दूर रहकर मैंने तुम्हारे प्यार को पहचाना। कितना कष्ट उठाया है मैंने! तुम्हारी यादों में मैं कितना रोई हूँ। तुमसे मिलने को मैं कितनी बेचैन थी तुम क्या जानो!

डॉक्टर : **(ठंडे संतुलन से)** तुम तो बहुत अच्छी एक्टिंग कर लेती हो। देवेन्द्र से कहतीं तो वह तुम्हें फ़िल्मों में काम दिलवा देता।

(छाया के चेहरे पर एक क्षण को अभिमान जाग उठता है, किन्तु शीघ्र ही उसकी आँखों में याचना भर जाती है)

छाया : इतने क्रूर न बनो! मैं तुम्हारे हाथ जोड़ती हूँ। मैं बहुत दुखी हूँ।

डॉक्टर : तो मैं क्या करूं?

छाया : मैं बिल्कुल अकेली हूँ। पापा की "डैथ" हो गयी। सौतेला भाई मेरी सूरत से भी चिढ़ेगा। तुम्हारे अलावा अब दुनिया में मेरा कोई नहीं है। मैं बीमार हूँ। बंगलौर में मैंने नौकरी कर ली थी, बीमारी में वह भी छूट गयी। अब मैं ज़्यादा दिन नहीं चलूंगी। मैं ज़िन्दगी के आख़िरी दिन तुम्हारे चरणों में काटना चाहती हूँ।

डॉक्टर : तुम्हारी नौकरी छूट गयी?

छाया : हाँ।

डॉक्टर : तभी तुम मेरे पास आना चाहती हो?

छाया : **(आग्रह से)** नहीं, यह बात नहीं है। मैं हमेशा तुम्हारे पास आना चाहती थी, मगर मेरी हिम्मत नहीं पड़ी।

डॉक्टर : क्यों?

छाया : मैं डरती थी कि तुम मुझसे नफ़रत करते होगे, मेरी सूरत भी देखना नहीं चाहोगे। इसलिए दूर से ही अब तक श्रद्धा की अँजलियाँ तुम्हें चढ़ाया करती थी।

डॉक्टर : वह बिना नाम के होली, दीवाली और नये साल पर ग्रीटिंग कार्ड तुम्हीं भेजती थीं?

छाया : हाँ, वह मौन पुजारिन मैं ही हूँ।

डॉक्टर : तुम्हीं ने पुलोवर इत्यादि भेजे थे?

छाया : हाँ, वह अभागिन मैं ही हूँ। मैं तुम्हारे पैर पकड़कर रोना चाहती थी। मैं तुमसे माफ़ी माँगना चाहती थी, लेकिन मैं साहस नहीं कर सकी...अब मैं बीमार हूँ। मेरी नौकरी छूट गयी है। मैं अकेली हूँ, बिल्कुल अकेली। मेरी हालत देखकर शायद तुम्हें तरस आ जाए, इसलिए इतना साहस बटोर कर तुम्हारे पास चली आयी।

छाया : तुम चुप क्यों हो? मैं तुम्हारी दया की भीख माँगती हूँ। तुम दुनिया भर को जीवन देते हो, आशा देते हो, मुझे निराश न करो। पराया समझकर ही रहम खाओ। तुम्हारी पत्नी छाया तो मर गयी मुझे दासी समझकर ही घर के एक कोने में पड़ी रहने दो। मैं प्रायश्चित करना चाहती हूँ...मैं मरते समय तुम्हें देखना चाहती हूँ।

(डॉक्टर चुप रहता है, विचार मग्न, जड़-सा)

छाया : तुम कुछ कहते क्यों नहीं? कुछ बोलो। मैं कहती हूँ

कुछ बोलो, मुझे बुरा-भला कहो...दोष दो...मैं अपराधी हूँ...बुरी हूँ...(**आवेश बाँध तोड़कर हिचकियों की बाढ़ ला देता है**) मैं बहुत अभागी हूँ...मैं बहुत अभागी हूँ।

(डॉक्टर ड्रार खोलकर चेकबुक निकालता है। चेक लिखकर पकड़ाता है)

डॉक्टर : आँसू पोंछो, यह चेक लो और मेरी निगाहों से दूर चली जाओ। छाया मर गयी और वह किसी भी हालत में जीवित नहीं हो सकती।

(छाया चेक उठाकर एक क्षण डॉक्टर और चेक को देखती है, फिर चेक डॉक्टर के सामने फाड़कर फेंक देती है।)

छाया : थैंक यू, डॉक्टर! (**आहत किन्तु गर्व से बाहर जाती है। डॉक्टर अकेला रह जाता है। वह परेशान है। सिगरेट फेंककर, पैरों से कुचलकर कमरे में घूमता है। तभी बाहर से एक आदमी का प्रवेश**)

आदमी : डॉक्टर साहब, जो औरत अभी यहाँ से निकल कर बाहर गयी है वह कुछ बीमार लगती है। उसे शायद चक्कर आते हैं। क्लीनिक से बाहर आते ही वह गिर पड़ी। सड़क पर पड़ा पत्थर उसके सिर में लग गया। उसके सर से बेहद ख़ून बह रहा है।

डॉक्टर : (**निर्ममता से**) तो मैं क्या करूँ? यहाँ चोट का इलाज नहीं होता। यह "मेंटल क्लिनिक" है; बलरामपुर हॉस्पिटल ले जाइए उसे। (**वह आदमी बाहर चला जाता है**)

(डॉक्टर थका-सा कुर्सी पर बैठ जाता है। एक बोझिल ख़ामोशी। तभी वह आदमी फिर बाहर से प्रवेश करता है।)

आदमी : वह तो मर गयी। हम लोगों ने देखा तो उसकी जान निकल चुकी थी। वह मर गयी।

(डॉक्टर स्तब्ध बैठा सुनता रहता है तभी आदित्य का प्रवेश)

आदित्य : (**कमरे में आकर खड़े-खड़े**) अगर वह मर गयी तो डॉक्टर साहब से क्या कहते हो? मर गयी तो मर जाने दो। वह डॉक्टर साहब की कौन लगती थी कि डॉक्टर

साहब उसके लिये चिन्ता करें। ऐसी मौतें तो रोज़ ही होती रहती हैं। **(डॉक्टर खामोश रहता है)** अरे आप मेरा मुँह क्या देख रहे हैं, म्युनिसपेल्टी को टेलीफ़ोन कीजिए, लावरिस लाश है। डोम आकर उठा ले जाएंगे। मगर डॉक्टर साहब के पोर्टिको से तो हटा ही दी जाये। डॉक्टर साहब के यहाँ बड़े लोग आने वाले हैं। जश्न है, उत्सव है। द्वार सज रहा है। न हो तो उसे सड़क पर डाल दीजिए। चील-कौवे खा जाएंगे। लावारिस लाश का क्रिया-कर्म तो होता नहीं। मगर जल्दी कीजिए जाइए,...जाइए न।

(वह आदमी चला जाता है डॉक्टर जड़ बैठा रहता है।)

आदित्य : डॉक्टर तुम दुनिया भर के लोगों का मानसिक विश्लेषण करते हो और उसमें तुम्हारी योग्यता को मान्यता यूनेस्को और भारत सरकार दोनों ने दी है। किन्तु क्या कभी तुमने स्वयं अपने आपको जानने की कोशिश की है! क्या कभी स्वयं अपना भी मानसिक विश्लेषण किया है? **(डॉक्टर उत्तर नहीं देता)** तुम्हारा दुहरा व्यक्तित्व है। तुम कहते कुछ हो, किन्तु अपने अचेतन में विश्वास कुछ और करते हो! तुम कहते हो कि जीवन बिना उदारता के नहीं जिया जा सकता। मनुष्य को सदैव दूसरों को क्षमा करना चाहिए, उसको जीवन में संतुलित दृष्टिकोण रखना चाहिए। उसे न किसी से ज़्यादा प्रेम करना चाहिए और न ज़्यादा घृणा। किन्तु स्वयम् तुम्हारा जीवन इसके ठीक विपरीत है। तुम छाया से अति प्यार करते थे। लेकिन जब वह देवेन्द्र के साथ भाग गयी, तो अत्यधिक घृणा करने लगे और अब उसे किसी भी हालत में क्षमा करने को तैयार नहीं हो...अब बताओ, कहाँ है तुम्हारे जीवन में उदारता! क्या यह केवल सैद्धान्ति बकवास है, रोगियों को बहलाने के लिए, जिस पर स्वयं तुम विश्वास नहीं करते? **(रुककर)** और फिर तुम्हारा दावा कि तुमने अपना सारा जीवन मानसिक रोगियों की सेवा के लिए समर्पित कर दिया है, यह

भी झूठा है। आज सुबह तुम उस आदमी को अपनी पत्नी से घृणा करने का पाठ इसलिए दे रहे थे क्योंकि तुम स्वयं पत्नी से घृणा करते हो। तुम अपनी पत्नी से इतनी नफ़रत करने लगे कि उससे भागने के लिए तुम अपने आपको रोगियों और काम में खपाने लगे। यह उद्देश्य के लिए समर्पण नहीं, पलायन है, पलायन। तुम्हारी सारी ऊँची-ऊँची आदर्श की बातें झूठ और आडंबर हैं, तुम्हारा सारा जीवन, तुम्हारे सारे कार्य, सारी सफलताएं, यह युनेस्को और भारत सरकार का सम्मान, सब नफ़रत और घृणा पर आधारित है। इन सब की नींव में नफ़रत और घृणा है। नफ़रत और घृणा! और कुछ नहीं!

(आदित्य का तेजी से बाहर प्रस्थान। डॉक्टर कमरे में वैसा ही विचारमगन जड़-सा अचल बैठा रहता है। कमरे में अंधेरा होने लगता है। तभी मनोहर का कमरे में बाहर से प्रवेश। वह बत्ती जलाता है।)

मनोहर : डॉक्टर साहब!

डॉक्टर : **(चौंककर)** आ...हाँ।

मनोहर : अँधियारे में क्यों बैठे हैं?

डॉक्टर : कुछ नहीं, मेरे सिर में दर्द हो रहा है।

मनोहर : बाम मल देई।

डॉक्टर : नहीं मामूली दर्द है, आराम से ठीक हो जायेगा।

मनोहर : वह जौन औरत बाहर मरी पड़ी रही, कौनो लावारिस है, उसे म्युनिस्पैल्टी वाले उठा ले गये।

डॉक्टर : कमरे की बत्ती बुझा दो। मैं थोड़ी देर आराम करना चाहता हूँ।

मनोहर : आप अन्दर चल कर आराम करें। जूलूस वाले अइहें तब हम बताय देब।

डॉक्टर : नहीं, यहीं ठीक है, तुम जाओ, किसी को आने मत देना। बत्ती बुझा दो। मैं थोड़ी देर आराम करना चाहता हूँ।

मनोहर : **(सहानुभूति से)** अच्छी बात आय। छोटे डॉक्टर टाइप कर रहे हैं। जब तक जुलूस वाले न आंय तू आराम करो! आराम करो! तब तक हम कौनन के आवन न

देबै।

(मनोहर बिजली बुझाकर बाहर चला जाता है, मंच पर एकदम अंधेरा रहता है। थोड़ी देर बाद पूनम की आवाज सुनाई पड़ती है।)

पूनम : **(नेपथ्य में)** नहीं, नहीं, मुझको जाने दो!

मनोहर : **(नेपथ्य में)** डॉक्टर बाबू के मूड़े में दरद हय। जब तक जलूस नहीं आवत, वह किसी से नाहीं मिलिहैं।

पूनम : नहीं मैं जाऊँगी।

मनोहर : **(नेपथ्य में)** वह काहू से नाहीं मिलिहैं...थोड़ी देर बाद आना।

पूनम : **(नेपथ्य में)** मैं नहीं रुक सकती, मुझे जाना है इसलिए अभी ही मिलूँगी।

मनोहर : नहीं बीबी जी।

पूनम : नहीं..., **(पूनम का कमरे में प्रवेश। उसके पीछे मनोहर का प्रवेश। मनोहर दरवाज़े के पास के स्विच से कमरे की बत्ती जलाता है। इससे प्रकाश कमरे में फैल जाता है, और डॉक्टर आफ़िस टेबिल के एक तरफ़ पड़ी कुर्सी पर बैठा दिखाई देता है। उसका मुँह दर्शकों की तरफ़ है, और दायाँ हाथ ऑफिस टेबिल पर रखा है। चूंकि बिजली का ट्र्यूब डॉक्टर के पीछे की तरफ है, इसलिए उसकी आकृति पर अंधकार है।)**

मनोहर : **(क्रोध से किन्तु फुसफुसाहट के स्वर में पूनम से)** इतना कहा, मगर नहीं मानीं। डॉक्टर साहब बिगड़िहै तो तुही जान्यो। हमतो जाइत है। **(चलते-चलते)** कभै कभै तो आराम करतै हैं डॉक्टर साहब, उसमें भी चैन नहीं लैने देयतीं यह लोग। **(बड़बड़ाते हुए बाहर प्रस्थान)**।

पूनम : **(धीरे से)** डॉक्टर देखो न! यह तुम्हारा नौकर मुझे आने ही नहीं दे रहा था। मुझे आज रात की ही गाड़ी से लौट जाना है, क्योंकि कल इनको दफ़्तर 'अटेंड' करना है। **(रुककर)** मेरी शादी हो गयी, डॉक्टर। एक बेबी भी है। वे दोनों तुमको धन्यवाद देना चाहते हैं। तुमने मुझको जीवनदान दिया। मैं आत्महत्या करना चाहती

थी, तुमने बताया कि यह ज़िन्दगी लड़कर जीने के लिए है। हम सब कितने कृतज्ञ हैं तुम्हारे। तुमने बताया कि आत्महत्या करना पाप है। आत्महत्या कायर करते हैं। **(कंधा पकड़कर)** डॉक्टर।

(कंधा छुए जाते ही डॉक्टर गिर पड़ता है। पूनम चौककर पीछे हटती है। उसका हाथ मेज़ पर रखे टेबिल लेम्प के स्विच पर पड़ जाता है, और वह जल जाता है। उसके प्रकाश के फोकस में डॉक्टर का मुँह दिखाई पड़ता है। उसकी आँखें फटी है। मुँह खुला है। हाथ फैले हैं। पूनम चीखती है।)

पूनम : डॉक्टर!

(दूर पर बैंड के बजने की आवाज। रवीश तथा मनोहर का शीघ्रता से प्रवेश।)

रवीश : जुलूस आ गया डॉक्टर! **(डॉक्टर को देखकर तथा मेज़ पर रखी दवा की शीशी का नाम पढ़कर)** डॉक्टर ने आत्महत्या कर ली!!

(रवीश डॉक्टर की आँख बन्द करता है। मनोहर हक्का-बक्का खड़ा देखता रहता है। पूनम कोने में मुँह पर हाथ रखे सिसकियाँ लेती है। नेपथ्य में जुलूस के बैंड की आवाज तेज होती है।)

यवनिका

इति

परिशिष्ट

स्वप्न-दृश्य के सम्बन्ध में तकनीकी संकेत

(1) द्वितीय अंक के दृश्यबंध में पीछे की दीवार गोल छेद की मच्छरदानी के कपड़े से बनाई जाये। दीवार की एकरसता भंग करने के लिए उस पर खिड़की, खुली या बन्द, अथवा किताबों की अलमारी चित्रित की जा सकती है। इस दीवार में, उस सोफ़ा के निकट, जिस पर डॉक्टर सोता है, स्वप्न-दृश्य उपस्थित करना होगा। जाली की दीवार के पीछे, एक फुट की दूरी पर लगभग तीन फुट ऊँची एक काले कपड़े की पट्टी, दीवार की तरह लगाई जाए।

(2) काली पट्टी की पीछे, स्वप्न दृश्य के स्थल के निकट एक व्यक्ति काले कपड़े में छिपा बैठा हो, जिसके हाथों और चेहरे पर कंकाल की हड्डियाँ सफ़ेद रंग में चित्रित हों। उसके हाथों में माली की बड़ी कैंची हो।

(3) स्वप्न स्थल से कुछ दूर, एक दो फ़ीट ऊँचा तख़्त रखा हो, जिस पर सिगार-उगे वृक्ष का कट-आउट रख हो।

(4) जाली की दीवार के पीछे, उसके निकट ही, एक 'बीम लाइट' टंगी हो, जिससे नीचे घटित होता हुआ स्वप्न-दृश्य आलोकित हो सके।

(5) स्वप्न-दृश्य प्रारम्भ होते ही, एक साथ मंच को आलोकित करने वाली सब बत्तियाँ बुझ जायें, किन्तु साथ ही, ऊपर से पड़ने वाली तीक्ष्ण प्रकाश की पतली रेखा डॉक्टर के मुख को आलोकित कर दे। उसके साथ ही स्वप्न-दृश्य को आलोकित करने वाली बत्ती भी जल जाये।

(6) उसके कुछ क्षण बाद ही, तख़्त को, जिस पर पेड़ का तना रखा है, पीछे से धीरे-धीरे ढकेलते हुए, जाली को दीवार तथा काली पट्टी की दीवार के पीछे तख़्त पर आलोकित स्वप्न स्थल पर पहुँचा दिया जाए। पेड़ के तने के पीछे छाया और पूनम छिपी हों।

(7) स्वप्न दृश्य में छाया और पुनम पेड़ के पीछे से बारी बारी सामने आकर प्रकट हो सकती हैं, और पुनः पीछे जाकर अदृश्य हो सकती है।

(8) तख्त और दीवार के बीच में छिपा बैठा व्यक्ति हाथ ऊपर करके, कैंची से छाया और पूनम के हाथ में उगी भिडियाँ इस तरह से काटे कि दर्शकों को प्रतीत हो कि अदृय से निकले दो हाथों की हड्डियाँ उँगली काट रही हैं।

(9) स्वप्न-दृश्य समाप्त होते ही, एक साथ दीवार के पीछे का तथा डॉक्टर की आकृति पर पड़ने वाले प्रकाश समाप्त हो जायें, तथा मंच पहले के समान पुनः आलोकित हो जाये।

❑❑